『ローラン・ギャロスの侍』

――英語とテニスで世界に挑んだ
侍　太田芳郎――

1929年南ドイツ選手権、単優勝
複はマイヤー選手（スペイン）と
組んで優勝

1928年ドライブ倶楽部大会決勝
太田優勝、相手のヒューズ選手（英）
は1936年ウィンブルドン複優勝者

1964年イタリアステファニ選手を迎えて
左から川地、太田、ステファニ、原田、安部、石井

1930年デ杯ハンガリー戦にて
会場はブダペスト

「カップハンター」の異名をとった太田（左）
右は御木本隆三氏

（写真提供：太田和彦氏、『世界テニス行脚ロマンの旅』より）

日本国際ローンテニスクラブ設立総会　1978年10月27日
初代会長　太田芳郎（前列中央）　勢揃いした歴代デ杯代表選手
（写真提供：日本IC）

目次

主な登場人物

太田　芳郎《よしろう》　主人公、教育者であり、世界的テニス選手

武田　智《さとし》　東京高師入学からの大親友、百六歳の天寿を全う

田中　寛一《かんいち》　東京高師教授、文学博士、庭球部部長として太田を支援

清水　善造《ぜんぞう》　日本テニス界黎明期の代表的名選手、世界のシミー

福田　雅《まさ》之《の》助《すけ》　第一回全日本選手権優勝、有名な「庭球規」創案

原田　武一《たけいち》　慶大時代からの太田のライバルであり終生の友人

三木　龍喜《たつよし》　日本人初のウィンブルドン優勝者（混複）

ジャン・ボロトラ　フランス四銃士の一人、全仏大会で太田と因縁の試合

フレッド・ペリー　イギリステニス界の英雄、ウィンブルドン三連覇

序章

日焼けした顔に笑みがこぼれ、賑やかに会話が弾んでいた会場が、一瞬静寂になる。

「ただいまから、フレッド・ペリー氏が入場されます」司会者の声が会場に響く。

昭和五十三年（1978）十月二十七日、「日本国際ローンテニスクラブ（略称ＩＣ　ＯＦ　ＪＡＰＡＮ）」の設立総会、及び、開催中の「ジャパンオープンテニス大会」のレセプションパーティーが、始まろうとしている。

国際ローンテニスクラブ（ＩＣ）というのは、その国のナンバーワン経験者、国際代表選手に選抜された人、若干の外国名誉会員を加えて構成される組織である。永年念願とされていた加盟が認められ、日本のテニス界で初の文字通り国際的な集いが開催されたのだ。設立時の会員数は八十八名で、国際慣例によって日本テニス界に貢献された四名の外国人が推薦された。なかでもあの伝説のテニス選手を一目見ようと全員の注目が集まっていた。

その選手とはウィンブルドン三連覇をはじめ、テニス史上初のキャリア（生涯）グランドスラムを達成し『無敵のテニス王』と呼ばれた、フレッド・ペリーが初来日したのである。先導役は日本ＩＣ会長太田芳郎、二人は万雷の拍手の中、にこやかに談笑しながら入場した。

太田会長は静かに語り始めた。

「各国ＩＣ代表の皆様、ジャパンオープンにご参加の世界のテニス選手の皆さん、また日本のテニス関係の方々、本日のレセプションにご出席いただき、誠にありがとうございます。本年七月、ＩＣ評議会において満場一致により日本の加盟が正式に認められました。誠におめでとうございます。また、本日はここに今や伝説となった名選手の、Ｆ・ペリー氏をご紹介することができることを嬉しく思います」

ペリーが軽く会釈して応えると、会場には盛大な拍手が巻き起った。

太田会長は和やかな雰囲気の中で、独特のユーモアをまじえ昔の話を紹介した。

「今回来日していただいたのは、日本ＩＣの名誉会員第一号に推薦し、同氏が快くお引き受けいただいたからです。私は今から五十年ほど前の昭和の初め、英国に留学し、ロンドン郊外のアイズルワスという所に住んでいました。その近くのテニスクラブで練習や試合をしていると、一人の青年がやってきて、『テニスを教えて欲しい』と言うのです。すでに英国を代表する卓球選手でしたから、筋が良いので少し教えるとぐんぐん上達しました。試合にも出場するようになり、時々戦いましたが私が四連勝していました。二年ほどした初夏のこと、サービトンのグラスコート選手権大会の決勝でまた対戦することになりました。この時青年はたくましく成長し、私の目を見つめて『ミスター太田、僕は昨日の僕じゃないですからね』と、自信をみなぎらせて挑んできました。はたして彼の奮闘はものすごく、私は一セットを取られましたが、危ないところでようやく勝ちました。試合後、お茶に誘ったのも断り、青年は芝生の上にねそべって、じっと青い空を見つめていました。私達一家はその秋帰国しましたが、その数年後、世界中が驚くことになったのです。彼は十数年ぶりにデ杯をフランス・アメリカから母国イギリスに奪取し、ウィンブルドン選手権三連覇、全米選手権三回優勝など、無敵のテニス王として君臨されました。その人こそ、ペリー氏なのです」

紹介を受けて、ペリーはゆっくり登壇した。

「ただいまご紹介をいただいたフレデリック・ジョン・ペリーです。私はミスター太田が十三週連続優勝されるなど、ヨーロッパで大活躍されていた頃、憧れてテニス選手になる決意をしました。しかし、なかなか勝利することが出来ず、とうとう私が五連敗のまま彼は帰国してしまいました。ウィナーは常に彼で、私はランナーアップでした。イギリスのサービトンテニスクラブには、今でもボードにそれが刻まれています。私はそれを見るたびに昔のことを想い出し、今もって残念な気持ちでいっぱいになるのです」

会場は笑いに包まれ、雰囲気は一気に華やいだものになった。するとさらに、ペリーは思いもよらぬことを言いだした。

「私が太田氏を尊敬して止まないのには、他にも理由があります。１９３０年のフランス選手権大会（全仏）の準々決勝、対ボロトラ選手との試合です。それは『ボロトラ事件』として有名になり、多くの著名人がコメントを語り、新聞・雑誌等でも取り上げられました。その試合中にとった、太田選手の武士道精神に満ちた態度に感銘を受け、イギリスのナイト（騎士道）にも通じるものだと、心に深く刻まれました」

会場はシーンと水を打ったように静まり返った。太田会長は予期せぬ挨拶に感動し、胸を詰まらせながら、ペリーに各国ごとに認められたストライプのクラブタイを贈呈した。二人は五十年ぶりの再会を喜び、固い固い握手を交わした。

第一章　四銃士対サムライ

一、ローラン・ギャロス

1920年代後半、フランスは全盛時を迎えていた。フランステニス界の「四銃士」と呼ばれた、ボロトラ、コシェ、ラコステ、ブルニョンが大活躍し、デ杯をアメリカから奪い取ると六年連続保持、ヨーロッパのグランドスラム大会もほぼ制圧していた。フランスは四銃士の活躍を讃え、大規模な新しいテニス施設を建設するなど大改革を実施した。

1928年、パリ、広大なブローニュの森の南端に、新しいテニスコートが完成し「ローラン・ギャロス」と命名した。ローラン・ギャロスとは、世界で初めて地中海横断飛行に成功した飛行家の名前。センターコートの壁には、彼の飛行機のプロペラに刻まれていた文字から引用した、"VICTORY BELONGS TO THE MOST TENACIOUS"（勝利は最も忍耐強い者のものだ）が描かれている。コートの表面には、赤レンガを砕いたアンツーカーを敷き、四大大会の会場では、唯一クレーコートを使用している。

二年後の1930年五月二十日〜六月二日、フランスハードコートチャンピオンシップ（現在の全仏オープン選手権大会）が開幕した。男子シングルスは八十一名がエントリー、日本人選手は原田武一、安部民雄、佐藤俵太郎、太田芳郎、三木龍喜の五名が出場した。なお、シード選手十六名のうち、原田と太田がシードされた。

しかし、この年のパリは異常に暑かった。

太田芳郎は二回戦、三回戦と順調に勝ち上がり、準々決勝は地元フランスの難敵、ボロトラと対戦することとなった。ウィンブルドンで二回、全仏でも二回優勝しているボロトラが相手である。四銃士の一人である一歳年長の戦略家に対し、武士道を重んじる実直な青年太田が立ち向かう。ここでテニス史に残る事件が勃発した。

五月二十九日（水）、太陽が燦々と輝く午後三時、試合は始まった。この日、太田には必勝の確信があった。ネット・プレーが得意のボロトラをベースラインに釘付けにするために、太田の取れる作戦はトップスピンのよくかかった強い球をベースラインぎりぎりに落とすことである。流石のボロトラもネットに出る機会を虎視眈々とうかがうが、太田はなかなかその隙を与えない。ただ、太田のトップスピンが少しでも弱ると、フラットで返球してすぐネットにピタリと付いている。ロブを上げれば後退しスマッシュする。左右に打ってもボールに届けば一発でボレーを決めてしまう。

今日の太田は絶好調のスタートを切った。フォアの強打は素晴らしい当たりを見せ、相手コートの赤土を巻き上げた。第一セット、第二セットをたちまち取り、第三セットも3―1、4―3と常にリードしていたが、ボロトラも得意のネット・プレーで対抗し、4―6で取られた。続く第四セットも1―6で奪取され二セットオール、勝負は第五（ファイナル）セットに持ち込まれた。観衆はボロトラの粘りに感動して盛り上がり、フランスの英雄四銃士の応援に大きく傾いた。

ファイナルセットに入った。相変わらず激しいラリーは続く。赤土のコートは球足が遅くエースが取りにくい、またネット・プレーも容易には決まらない。太田は先に4―1とリードを奪った。選手の心理として「四ゲームを取ると、なぜかひと段落しホットした気持ちになる」。そんな心理を見透かしたかのように、ベテランのボロトラは迫る。しかし、太田は5―4リードまできた。「あと1ゲーム取れば勝てる」、チェンジエンドの休憩の後、最後のゲームに向った。

そして40―15（フォーティ―フィフティーン）、いよいよダブルでマッチポイントが来た。しかし、この時太田は迷った。

「あと1ポイントだ、攻めようか、徹底的に守って相手のミスを待とうか、どうすれば最後のポイントを取りきることが出来るのか」

最初のマッチポイントは守りに入った。

「ここを大切にしよう。確実に守ってポイントを取ろう」

案の定、ボロトラは果敢にネットに向って攻めてくる。太田のバックハンドにアプローチショットが深く入ってきた。

「待ってました」、得意のパスをダウンザラインに放った瞬間、「抜けた」と確信した。

しかしネットギリギリのボールは、端の少し高くなったネットコードに当った。ポンと跳ね上がったボールは、どっちのサイドに落ちるか、審判も観衆も固唾を飲んで見守る中、トントンとネット上で弾んだ白球は、無情にも太田のサイドに〝ポトリ〟と落ちた。

「ウワー、ウォー‼」湧き上がる観衆。

ボロトラは命拾いし、ホット胸をなでおろすおどけた仕草をした。

二本目のマッチポイント、太田は、今度は後悔したくないと積極的に攻めに出たが、巧みなパスがネット際に沈み、苦手なローボレーを打たされ、イージーミスしてしまった。その後、焦った太田はゲームカウント5—5に追いつかれた。これからはゲームジュースに入る。二ゲーム連続して取らないと勝てない。

「ここまできて、いつもの自分と違うようだ、落ち着け、落ち着け」

この時、石油業に従事している伯父（父の兄）の言葉が浮かんできた。

「いいか、芳郎覚えておけ、人生は万事伸るか反るかの大ばくちだ。ヨイショと立ち上がったら待った無しだからナ」

なぜか迷いが消え覚悟ができたようで、心が落ち着いた。

「マッチポイントを取りきれなかったのはしかたない。まだ勝負はこれからだ」

その後6—5とリードするも、ボロトラは必死に追いついてきた。

すでに試合時間は三時間を超えている。

コートの半分を影が隠す六時に至っても、まだ暑い中での熱戦は続けられた。

二、ボロトラの罠

シックスオール（6―6）になった。第十三ゲームのサービスはボロトラ、0―40（ラブ―フォーティ）と太田リードしゲームポイント。ネットに詰め寄ったボロトラに対し、太田は絶妙のロブを上げた。何とか取ろうと懸命に追ったボロトラが、ベースライン近くでよろめき、倒れた。痙攣《けいれん》をおこしたようだ。関係者が飛び出してきた。太田も心配して小刻みに相手コートまで駆け寄る。トレーナーはボロトラを復活させるため脚を揉んだ。ようやく、二人の線審と太田におぶさるようにして、ボロトラはロッカールームに退いた。当然棄権と思われたので、太田はそのままコートサイドに戻って、静かに待った。

十分ほど待ってもボロトラは現れない。その間、太田は着替えることもなく、汗をかいたままコートでじっと黙って待った。暑い日だったが、たっぷりと汗で濡れた身体は、座っているとしだいに冷えてきた。タオルを頭からかぶり目を閉じていると、故郷新潟のこと、東京の学生時代のことが浮かんでは消えた。頭もボーとして幻覚が現れた。

「俺はなぜここにいるんだ。何のために試合をしているんだ」と自問する。

「芳郎、正々堂々戦え、正しい道を生きるんだ。武士道は相手を倒すことではない、己に打ち勝つことが大切なのだ」、教育者である厳しい父の声がした。

「太田、君は俺たちの誇りだ。勇気を出して最後までフェアプレーで戦え」、同学年で親友でもある武田の甲高い声がした。

うつらうつらした状態が続いていると、突然、大きな歓声が沸いた。

ボロトラがコートに戻ってきたのだ。結局、太田は二十分以上も待たされていた。ボロトラは悠々と着替えてからコートに現れ、何食わぬ顔で再開することになった。コートに出て二・三回両脚を屈伸させると、心配する看護人達を振り放し、少し足を引き摺りながらも奮然とコートに立った。棄権するかと見ていた観衆は喜び、激励の拍手は会場に響き渡り、しばらく止まなかった。

ゲームは、7―6太田リードで再開された。次は有利なサービスのゲームである。ここで取れば勝つことが出来るが、太田の身体は完全に冷えきっていた。ウォーミングアップをしたいが、ボロトラにはその余裕はないはずだ。そこで、手始めにあまりスピンのかからぬ、手加減したような緩いサーブをおくった。手負いの者に追い打ちをかけるようなことは、武士道に反するという気持ちがあったのか、太田は敢えて強い球を打たなかった。しかしそれはボロトラの作戦だった。ボロトラは激しい球をレシーブで返球しエースを取った。太田は苦笑したが、まだ相手を思いやる気持ちで、次も同様の緩い球を送った。ボロトラは待ってましたとネットに出る、太田慌てて返球するがボレーに打ち取られた。「これじゃいかん。こんどはしっかり打とう」と、太田は立て直しを図るが、最初の二ポイントが重く、結局このゲームは取られてしまった。ボロトラは完全に復活し、またしても7―7のイーブンになった。

ここまで常にリードしてきた太田だったが、ボロトラサーブの第十五ゲームにまたしても不運が起こった。第一サービスフォルトのボールを打ち止めた時、ガットが二本パラリと切れた。ラケットの取替えをアンパイアに求めたが、「第一と第二のサービスの中間だから駄目だ」という。それなら「ガットが切れたままフレームだけでテニスをするのか」と詰め寄るが、ルールだからと一蹴されてしまった。結局、そのポイントを失った後ラケットを交換したが、やや「カッカ」していた太田は試しのラリーを断り、次のポイントに挑んだ。しかし、ボロトラの緩い球にペースを乱され、バックハンドが二度ネットしゲームを失ってしまった。

ファイナルセット7―8、初めてリードを許した。こうなると、試合巧者ボロトラの、思い通りの展開にはまってしまい、なすすべなく7―9で押し切られた。

スコアは、太田〈7―5、6―3、4―6、1―6、7―9〉ボロトラ

太田は負けた。最後まで勇敢に戦って負けた。観衆は大きな声援を上げ沸き立った。しかし、母国フランスのボロトラの勝利を讃える歓声ばかりではない。鳴りやまない観衆の声は次第に、太田への賞賛とボロトラの試合態度への不満が沸き起こっている。

その時、『テニス界の絶対王者』といわれたチルデンが、スタンドの最前列に立ってボロトラとアンパイアを非難し、「ボロトラは失格である」とする演説をぶった。この声に多くの観衆が賛辞の拍手を送った。コートサイドのベンチから引き揚げようとした時、太田の試合態度に感動したフランスの美しい女性数人が、太田を取り巻いてキスの雨を降らした。慣れない太田は照れながらも、両手を上げて観衆に応えつつロッカールームへ戻った。

ロッカールームから着替えて外に出ると、そこには驚くことに朝香宮殿下が待っていた。たまたま渡仏中でこの試合をロイヤルボックスで観戦していたという。殿下は直接言葉を掛けて、「太田君、君は勝負に負けたが試合に勝った。日本選手として誇りをもって戦ってくれた。素晴らしい」と、誉め讃えた。

三、渦巻く批判

しかし、この出来事は当日だけで終わらなかった。「大きな事件」として、世界中を巻き込んで議論されることになった。翌日の新聞には「日本の武士道の精神を、太田芳郎のプレーに見た。これが真のサムライだ」との賛辞が寄せられた。

英国庭球界の大立者ワリス・マイヤーは、全仏四回戦において、ボロトラと対戦して惜敗した太田選手の忍耐とスポーツマンシップに賛辞を呈し、次のように激賞した。「ボロトラを非なりとすべきであろう。何となれば一マッチに休息を許してはならない。ボロトラが脚に痙攣を起して苦しんでいるのを見た太田は、最初の2ポイントで緩いボールを送った。また、ガットが切れた折には自ら進んでラケットを取替えに行き、その選択にわざと長時間を費やした。この行為は実に見上げたもので、一部のフランスの批評家の間では、太田はこの義侠的行為によって、自ら試合を失ったと評しているほどである」。

テニス・エ・ゴルフ誌の主宰マルセル・ダニノは、「太田は敗れたといえども、精神的には勝利をさらったといっても過言ではない。ボロトラは第五セットの極限状態に、大多数の観衆の心にペテン師の印象を残した出来事で、試合にけりをつけることが出来た」と、ボロトラの卑劣な(演技的)やり方に、非難の口吻を洩らしている。

テニス評論家のアラン・ベルナールは、「ボロトラ対太田の試合は大会中の白眉。日本選手は立派な試合をした。痙攣後の気息奄々たる相手と直面し、太田はあまり力をこめて打球せず、躊躇して最初の二点を失った。五セットの間に、太田が示した偉大なる運動精神、勇気、及びその優秀なる庭球技により、この試合において偉大なる人物として評価された。ボロトラの罹った痙攣が、彼以上に相手に不利をもたらしたのは、運動的見地から遺憾である」と、太田の態度を賞賛し、ボロトラの痙攣を同情していない。

ローンテニス誌の在ロンドン記者、日下悦治は「太田対ボロトラの試合が問題となったが、欧州では諸氏の意見を非常な興味を持って読んだ。ボロトラの心臓の強さは、外国の庭球雑誌でたびたび読んで知っていたが、年齢が進むにしたがって、この傾向はますます顕著になってきた。試合ごとに異なった手を使う狡《ずる》さは、一種の不愉快さを感じさせられるが、よくもいろいろな術策を工夫するものだと感心させられる。だが、勝利第一主義の、目的には手段を選ばぬやり方、こうした方法によるボロトラの勝利が、彼のために利益であったか、損であったか、この点はその後の状況より観ると疑問である。しかも、祖国であるフランスのテニス界に、この試合での彼の勝利は非常に人気が悪かった」、との記事を送っている。

当事者のボロトラは、「僕は自分の身体の具合を誤解され、かつ一度痙攣が回復するや彼(太田)が二ポイントを遠慮しながらプレーしたことを、総ての点から非常に気に病んでいる。彼が示したような最も武士道的な最もスポーツマンライクな態度には、未だかつて出合ったことがなかった。『太田氏よ、君は友情ある、卓越せる模範的プレーヤーである』」と語っている。ボロトラの心つもりでは、人の噂も七十五日、勝ちさえすれば結局文句はない、くらいの気分でいたが、このいかがわしい勝利は、その後二年間、彼に祟《たた》った。事あるごとに、この試合のことを持ち出されるのは、この時のボロトラのやり方がいかに深刻に彼の名誉心を傷つけたかを証すものである。

「スポーツマンシップという言葉には、フェアプレーに徹する、敗北しても潔くプレーする、美しく負ける態度をも織り込むなど、有徳性が強く求められる。これに対して『ゲームズマンシップ』という新造語がある。相手を心理的にかく乱する、違反すれすれのことをしてまで、勝利にこだわろうとする姿勢を表現するものであり、スポーツマンの本音を炙り出す新造語であるといえる」（『近代スポーツマンシップの誕生と成長』筑波大学教授・阿部生雄著）

この理論を当てはめると、太田の戦い方はスポーツマンシップそのものであり、ボロトラの戦い方はまさしくゲームズマンシップに近いものである。近年（２０２３年）、同じ全仏大会において女子ダブルスで類似する大きな問題が発生した。日本の加藤未唯選手がボールパーソンに返球しようとして、直接当ててしまったことに端を発する。少女は驚いて泣き出し、主審は加藤組に警告を与えた。しかし、相手の選手二人は、その対応を不満として執拗に抗議し、遂に加藤組を失格に追い込んだ。この判定結果と相手選手二人に対し、テニスファンと世論から大きな批判が渦巻いた。その噂は七十五日が経っても衰えず、事あるごとに相手選手は引き合いに出され、批判にさらされ続けた。

ボロトラも相手女子選手も試合での勝利を得たが、その勝利は本当の意味で人生においての勝利であり得たのであろうか。少なくとも太田は「自分の判断は正しかった。両親や学生時代の教えに従い、信念をもって行動している」と、胸を張って言い切るに違いない。ならば、そこに至る太田芳郎の生い立ち、恩師や友人等、多くの人から授かった人生哲学や教育理念は、どのようにして育成されたのであろうか。

第二章　英語とテニス

一、腕白少年

太田芳郎は明治三十三年（１９００）一月十一日、新潟県刈羽郡刈羽村赤田北方に生まれた。柏崎市に隣接する雪深い田舎の村で、当時は、電燈のつく町まで出るのに徒歩で三時間近く要した。稲田のつづく新潟平野のなかで、海沿いの小高い山なみに抱かれた村は、常に静寂の中にあった。

太田家は旧家で、半農、半礦業《こうぎょう》を営み、祖父は鉱山採掘師であった。父太田実は幼いころから成績優秀、新潟師範学校を卒業した典型的な明治の教育者で、二十歳代から小学校の校長になったが、質素な生活を貫き、特に六人の息子には厳格な家庭教育を行った。母シズは優しく穏やかだが、芯の強い新潟美人。染物の老舗《しにせ》小林家の箱入り娘で、「紺やの三人小町」として育てられた。日清・日露戦争、第一次世界大戦、関東大震災、太平洋戦争（大連で終戦）を経験し、記憶力と数理的頭脳に非常に優れ、神仏信心に厚く、規則正しい生活をし、三食全部食すなど健康そのもの、九十八歳の天寿を全うした。

芳郎は四千五百グラムもある大きな赤ちゃんで生まれ、幼少時から身体が大きく腕っぷしが強かった。六・七才ごろから子分を従えての腕白少年だった。

あるとき大事件が勃発した。子分等の一隊を連れて、西山の裾にゆき、村人が春の芝焼をする真似をして、枯草に火をつけて廻った。

「おい、今日は俺たちで芝焼きをするぞ！　火をつけて廻れ」

「芳郎君大丈夫かぁ。勝手に火をつけたら怒られるんじゃあないか」

「なあに、大丈夫さ。少し燃えたら火を消して廻れ、大きくならんうちにな」

「しゃないな。芳郎君が言うから従うか」

　しかし火勢は折からの風に煽《あお》られて、林の下草にまで燃え広がった。子供たちは木の枝で懸命に打ち消そうとしたが、火は杉の木立にまで燃え上がったので、手の施しようもなく、一同クモの子を散らすように逃げて帰った。家の裏の小舎にかくれて、恐る恐る山の方を見ると、黒い煙がもうもうと上がっている。そのうちに半鐘が鳴り、消防隊が駆けつけた。火は何町歩かの杉の木を焼いて、山頂まで燃え上り夕方近く漸く消された。

「芳郎はどこじゃ。どこに隠れておるんじゃ。お前のしたことは分かっている」。普段温厚な父だが、この時ばかりは血相を変えて探し回った。「こんなところに隠れおって、男らしゅう出てこい」。小舎に隠れていた芳郎は引出され、この時ばかりは、死ぬかと思う程殴られるという、前後にはない経験をした。

　明治三十九年（１９０６）、芳郎は刈羽村上条尋常小学校に入学した。この頃日本は、日清・日露戦争に勝利し、「神国日本！　万歳」と提灯行列が出て大騒ぎし、国中が勝利に酔っていた。日露戦争終結後、１９０５年九月に締結されたポーツマス条約によって、ロシア帝国から大日本帝国に譲渡された、東清鉄道（中東鉄道）南満洲支線（長春・旅順間鉄道）と、それを含む鉄道事業および付属事業を経営する目的で、１９０６年十一月、南満州鉄道株式会社が半官半民の国策会社として設立され、本社は関東州大連市に置かれた。世界中がきな臭くなってきたころである。

芳郎がテニスを始めたのは、中通小学校に転校した三年生の頃だ。担任の若井即郎《しろう》先生がテニスを教えたのである。小学校は小高い丘の上にあり、一方は谷、一方は崖で校庭の広さは限られていたが、なぜかテニスコートが一面あった。

若井先生は生徒を集めて自慢げに言った。

「テニスという面白い遊びを始める」

「先生、テニスって何だげ」

「テニスはエゲレス（英国）で始まったスポーツというものだ」

「スポーツか。なんか上品じゃなぁ」

「テニスをする場所がこのテニスコートというものだ、白い線の中はヨシ（イン）、線の外はダメ（アウト）。ワンバウンドまではいいが、ツーバウンドする前に打たねばダメだ。ボールはこの柔らかなゴムボールを使う。打つのはラケットという、網が先端に張ってある大きなしゃもじのようなもので、細いところがグリップといって持つところだ」

「面白そうじゃな。先生、ラケットはたくさんあるかの？」

「そいがー、四本しか無いんじゃ。コートにはあっち側二人とこっち側二人の四人が入って打つすけ、四本あればテニスができるしな」

「誰から使うんかなぁ」

「四本のラケットは屋内運動場の隅にぶら下げておくげ、仲良く順番に使うんだぞ」

「はーい」

一同返事はしたが、運動場で解散の礼をすると、皆がまっしぐらにラケットの掛けてあるところに走った。早い者四人がラケットをつかんで、意気揚々とテニスコートに入る。他の連中はコートのネット・ポールのところに駆けつけ、一列に並んで次の順番を決めた。コートには四人入っているが、ダブルスの試合ではなかった。サービスもなければレシーブもない。漫然と打ち合っているうちに四つしくじった者が敗退する。一人敗退しても、各自の失点は連続して数えられるから、上手なものでも遅かれ早かれ四つしくじると、ネット・ポールの所に並んだものにラケットを渡さねばならぬ。だから、一球一打もゆるがせにせず、少しでも長く生き残れることに専念した。村の学童のテニス熱は盛んになるばかりだったが、そんな時は必ず威張るものがいる。

「おい、お前らチビは後回しじゃ。俺たち上級生が先に使うんじゃ」

「エーッ、なんで。お兄ちゃんたちは威張っとるな」

コートはいつも上級生が占領していて、下級生は入る余地がなかった。そこで、芳郎は何とかテニスがしたいと思い小さい頭で考えた。

「上級生にいつも取られていては、いつまでたってもテニスはできん。俺たちのラケットを作って、一人一本ずつ持つようにしよう」

「どんなものを作るげ」

「大きな羽子板のようなものを作ったらどうだ」

「そいが〜、自分の家の板きれをもってきて、いっしょに作るべ」

学童は板をのこぎりで切って、板ラケットを作りだした。中には角を落として器用に丸く作るものもいた。これで個人用板ラケットを一人1本持つことができた。

「板ラケットで打っても、ボールはあまり遠くに飛ばんな」

「そいが、軟らかいゴムボールじゃなくて、小さな弾むゴムまりにしよか」

彼らはテニスボールの四分の一くらいの小さなゴムマリを買って、小型テニスをした。

コートは地面に釘でラインを引き、縄でネットを張った。

芳郎はおもちゃの小さいボールを買ってもらい、一人で自分の家の茅葺の人屋根にボールを打ち上げ、屋根の斜面を転がって落ちてくるボールを地面にバウンドさせて、また打ち上げた。後年、これはグランド・ストロークにあたるなと気づいた。地面に落とさないで途中でとらえて打ち上げれば、ネット・プレーと同じになる。あまり強く打つと、屋根の頂上を飛び越して、向こう側に落ちてアウトになる。

芳郎の家の近くに多々神社という、村のお宮様がある。拝殿の前にちょっとした広場があったので、ここを無断で借用し、三つ年下の弟と、中央の通路の石畳をネット代りにして、その両方から打ち合った。

「いいか、重雄。二人で百球続かないとやめないからな」

「わかった。あんにゃさ（兄さん）、やさしい球を打ってくれよ」

「八十、九十…ああ失敗した。もう一度最初からだ」

どちらかが遣り損なうとまた初めから。そのうち日が暮れてもまだやっているので、白い髭を生やした神主さんに怒鳴られて逃げたこともたびたびあった。

二、遊びと手伝い

芳郎は元々考えることが好きで、自分で小さい幻燈の機械を作ったこともある。いつも何かを考えていた。テニスでも、サービスはどうやったらいいかと、人のフォームを真似し、自分でいろいろ工夫してやった。テニスは元々フランスの宮廷の遊びであり、最初は手に手袋のようなものをはめて打ち合ったという。そのうちに板を使って打つようになり、次第にラケットに変化したそうだ。芳郎たちは、テニスの歴史そのものを小学校の初めに体験していた。「ラケットは腕であり、ラケット面はてのひら」であったから、実際に血が通い神経がつながったラケットの打ち合いから始めていたことになる。

スポーツの修得は早ければ早いほど良く、苦心がいらず、一度身につくと、しっかり骨の中までしみ通るらしい。後年、芳郎はテニスの日本ランキング一位になったが、「血のにじむような練習や鍛錬をした記憶がない。練習時間も他の者より何倍も長い時間を費やした覚えもない。いつも楽しく、いつも愉快で、いくらやっても飽きないほど面白いので、ただ一生懸命やっただけ」と、回顧している。

新潟は日本有数の雪国として知られる。初雪が降るまえに、シベリアおろしの強い西風が吹きつのる。吹雪の前ぶれだ。家の周りに太い丸太を組んで囲い、長いヌキ板を荒縄で括り付け、風囲いの支度をする。十一月末から翌年四月くらいまで、地表は雪に閉ざされて見えず、村は雪中に埋もれ、真っ白な天地となる。暖かい春が来て大きな樹の下などから雪が消え始め、懐かしい地面がのぞくと、子供たちはここに集まって、柔らかい土の上で「クイチ」を打ち込み、「メンコ」の札を取り合うのに夢中になった。他にも、鬼ごっこ、コマ回し、縄跳び、竹馬、合戦ごっこ等の、勝負を争う遊びが主流であった。芳郎も五歳から十歳くらいの頃、クイチとメンコの遊びを盛んに行った。クイチとは長さ三十cm位、直径三cm位の木の棒の一端を削ってとがらせ、柔らかい地表に、肩の回転、腕の前振り、手首のスナップなどの一連の運動をもって打ち込み、同時に相手の棒を倒して取る遊びだ。メンコは固い紙の札をひっくり返して取り合う遊びで、枚数を多くとったものが勝ちだ。芳郎は強かった。

「俺のクイチは強く打ち込むから全部倒すぞ。もっとしっかり打ち込んでおけ」

「芳郎君にはかなわんな。スピードが早すぎるわ」

「腕の振り方が違うんだ。スナップも効かせろ。メンコも全部取ってやる」

身体が大きな芳郎は、同級生より頭一つ出ている。何でも全力で取り組む芳郎は、一切手を抜かなかった。「これでもか」と叫び、お構いなしに全部取り上げた。

自然の中で遊び、家の手伝いをすることが、芳郎の強い身体を作り上げていった。庭先の井戸から水をつるべで汲み上げる、庭掃除や雑巾掛け、木に登ってセミを捕えたり柿や栗の実を失敬したり、川に入って雑魚を漁り、冬になると手製のスキーで山野を駆け巡り、下駄で作ったスケートで池の氷上を滑ることに熱中した。このような遊びは、知らず知らずのうちに脚力を養い、腕力、握力をつけ、身体のばねを強いものに育てていった。この幼い時に培われた人間としての「勘」は、後年テニスをする上で非常に役に立った。

それにしても、新潟のあのような山の中で、テニスのようなハイカラなスポーツがどうして早くから紹介されたか不思議である。東京では、高師・高商・慶応・早稲田の四校対抗でテニスのリーグ戦が行われ、新聞は今のプロ野球並みに書きたてていた。特に春秋二回のリーグ戦の結果にはスポーツ記者が名筆をふるい、テニスは満天下の関心を呼んでいた。

東京高等師範学校（東京高師）の卒業生は全国各地に赴任し、地方にテニスを紹介しその発展につくした功績は大きい。明治四十年、新潟県にも名選手の一人、浮田辰平が三条中学校に初赴任、以後県内の学校で教諭、学校長として教育に献身するとともに、テニスの普及に努めた。若井先生はテニスに熱心な青年教師だった。この先生がコートを作り、テニスを伝えたためか、子供たちはめきめきと腕を上げていった。

その子供たちが初めて試合に出たのは小学校四年の時。暑い夏も過ぎかけた頃、テニスマニアの若井先生は中学校時代の制服かと思われる小倉の霜降りの洋服を着て、腰に手ぬぐいをぶら下げた書生姿。子供たちはかすりや縞の着物に黒い前垂れ（手ぬぐいの代わり）をかけて、本物のラケットを担いで、意気揚々と出かけた。峠を越えた向こうの村の長島小学校に着いてみると、紅白のダンダラの幕を張り巡らし、コートの周りにはベンチが並べられ、悪太郎どもが中通小学校の一行の到着を聞いてがやがやと騒ぎ立てた。田舎の小さな村では大人でも子供でも村中知らない顔は一人もなく、後ろ姿や着物の色合いを見ただけで見当がつく。狭い世間だから、峠を越えた向こうの見知らぬ子供たちには、お互い異国人のような封建的・排他心を持っているので、子供らしい敵がい心を嫌が上にもあおられ、わけもなく興奮しあった。

いよいよ試合が始まった。

「おいおい、そんな小さなガキが出てきてテニスになるのか」

「早う引っ込め、ケガせんうちにな」

コートの両側から悪口雑言の限りを尽くしてわめき立てる。その中に立たされた十歳ほどの芳郎はボーとして西も東も分からなくなった。何しろネットの上に顔が出るか出ない子供であり、日頃は地面に勝手に線を引いた狭いコートの中で打ち合っていただけなのが、白いラインも鮮やかな本式のコートに引っ張り出されたので、ネットは高く、本当のテニスコートは、自分たちの学校のコートより大きいうえに、さらに大きく見える。ときどきボールが転がったのを拾ったりして、一・二度サイドを代わったかと思うと、アンパイアが「ゲーム・セット」というので、ベンチに引き揚げた。

すると、仁丹髭の相手側の先生が誉めてくれた。

「ご苦労さん。小さいけれどよく打つな」

若井先生も応じて相槌を打った。
「こういう子がもう二・三年もすると、我々もかなわんようになるぜ」
「ほんまに、の〜」と、仁丹髭先生。

芳郎は勝ったのか負けたのか分からんので、上級生に聞いてみると、やはり自分たちは負けたのだとわかった。最後にお茶が出て、花かけという梅の花や果物などの形をした駄菓子を、一掴みずつ貰った。夕方近く、またラケットを担いで山を越え、峠ではアケビの実や木苺を摘んで弟たちの土産とし、唱歌を唄いながら家路についた。

三、スポーツの町、柏崎

芳郎は高等小学校二年生まで中通小に在学し、三年生で柏崎高等小学校に転校した。通学するのに片道十km（三時間）、毎日往復二十kmの徒歩通学は芳郎の脚力を養った。

柏崎市はスポーツの盛んな町で、日本石油や宝田石油などの社員が盛んにテニスをしていた。刈羽村に隣接する西山町はかつて日本で唯一の石油の産地で、「日本書紀」にも越の国から「燃ゆる水」が朝廷に献上されたと記されている。明治二十一年、日本石油が設立され、明治二十七年に宝田石油とともに新型油井機を購入し採油に成功した。そのため、日本じゅうが不景気におそわれた時でも、柏崎一帯には活気があった。

太田家の実家が半礦業を営んでおり、祖父が鉱山採掘師なのも石油産地に由来があった。祖父は骨格たくましく、広い肩をもち、威圧感があり、日本石油初代社長内藤久寛と共に遠州相良町（現・静岡県牧之原市）に出かけ、実家に毎月七両送金していた。また、伯父も東山油田の太田礦業所に勤務し、侠客肌で、「人生は万事伸るか反るかの大ばくち」と言い、芳郎の人生行路の指針に大きな影響を与えた人物であった。

柏崎市には柏揚クラブという強いテニスクラブがあり、主将に早大出身の熱心な洲崎義郎（後年、柏崎市長）がいて、小学校と中学校の対抗試合をやることになった。

「中学生諸君。高等小学校に有望選手がいるから対抗試合をするぞ」

「え〜っ。小学生相手ですか。負けるわけないけど、いやですよ」

「なんだ、恐れをなしているのか」

「そんなわけないです。中学生は勝っても普通、負けては恥かきになるので、いくら先輩からの話でもおことわりしたいです」

「何を言っているんだ。先輩の俺の言うことが聞けないのか」

洲崎は中学の先輩であり、土地の素封家として柏崎中テニス部は世話にもなっているので、無理やり試合の段取りが決められた。

当日、年下の小学生に負けてはならじと、恥をかきたくない中学生の野次が、すさまじかった。小学校の引率の先生は村山先生（あだ名はチャカ）と戸田先生（ベトウマ＝泥の馬）の二人。中学生が「ベトウマ草食え、チャカチャカ」と、囃《はや》したて、果ては馬の糞《ふん》や馬のわらじまで投げてきたので、さすがの戸田先生も真っ赤になって怒った。先生が中学生の一群の中に暴れ込んで蹴散らそうとしたので、満場いよいよ騒然となった。この騒ぎの中でも試合は進められ、小学生は次々と野次り倒され、最後の一組となった。

中学生は勢いに乗って大声で叫んだ。

「おらおら、あと一組だ。そいつらもさっさと片付けてしまえ」

後衛を務めた太田は後ろの野次が近い。竹箒で脚を撫でたり、ラケットを払ったり、さまざまな妨害が入った。しかし、太田組は怯まない。

「束になってかかってこい。俺たち大将が全部まとめて面倒みてやる」

獅子奮迅の働きで、とうとう相手中学生七組を総なめにして勝ってしまった。引き揚げるときも殴られないように一団となり、前後に先生が付いて、しゅくしゅくと学校から帰った。その後、ほとぼりの冷めるまで、芳郎は通学にも裏道を使い、夕方までテニスをして月星の明かりの中、二里半の道を家まで歩いた。

四、新潟師範学校

父は新潟師範学校本科を卒業した厳格な教育者だったこともあり、長男の芳郎を同じ新潟師範学校に入学させた。父は酒もたばこも嗜《たしな》まず、茶人をもって任じ、火鉢の中の灰でもキチンとならして、火箸をさす位置も決めていた。少しでも乱すと大目玉。自分の身の回りの整頓については特にやかましく、この躾は六人の男兄弟全員が終生守ることになる。末弟は戦時下の海軍兵学校での猛訓練にも余裕で耐えたらしく、父の厳しい躾がそのまま役に立ったと感謝した。慣れているとはいえ、予想通り新潟師範学校での四年間の全寮生活は、厳しい軍事式訓練の毎日だった。重箱の中に詰められたような窮屈な生活で、上級生のシャツの洗濯から靴磨きまでさせられた。

入学した一年生の夏、芳郎は十五歳の少年であったが、テニスは小学校以来六年以上仕込まれていたので、ゲームをやると四年生にも負けない強さであった。学友会では東京からコーチを招いて本格的なテニスを学ばせ、県下制覇を目指そうということになった。初めて「コーチ」などという言葉を知った時代である。コーチとしては、はるばる東京高師から前衛の山口直一先生（大正六年卒）と、後衛の遠藤佐市郎先生（大正七年卒）に来てもらった。遠藤は東京高師卒業後、東大国文科を出て旧制浦和高等学校教授となり、退任後は静岡県で市長を務めた。当時の新聞には、「（高師の）遠藤は有名な強バックである、云々」と書いてあり、新潟師範の関係者は記事を読んで興味を持っていたが、初めて見る本場の選手の強力なバックハンドには驚いた。山口は額の禿げあがった小柄な人で、ネットの近くをチョロチョロと横モーションをとり、ストップボレーという新技術を教えた。しかし、一、二日すると、この二人のコンビにも隙があり、コーチ期間の終り頃には、一年生の太田・高野組の勝ちゲームが多くなってしまった。驚いたのはコーチ役の両先生で、冗談をとばして芳郎らを祝福した。

「君たちはすぐ上手になるな、もう我々の負けが多くなった。これでは逆コーチだな」

「先生、私たちは懸命に走って粘り、勝負強いというだけです。本場のテニスを理論的に教えてくださったことは、大きな開眼でありました」

「そうか、そう言ってくれると嬉しいな。学生だけの練習でも懸命にやることだな」

「はい。コーチの先生に向うというので精いっぱい張り切っての練習でしたので、今回は大変有意義なものでありました。これからは、学内の練習でも全力で行い、新潟県下の制覇をめざします」

「それは頼もしい。じゃあ、帰ったらもっと強い選手にコーチに来てもらえるように話しておくからな」

「お願いします。それは嬉しいです。今回は誠にありがとうございました」

学校関係者と学生一同は全員整列し、御礼の挨拶をした。

山口、遠藤両先生は東京へ帰校すると、敵方である早大に行き、当時、前衛日本一と言われた上田政一選手と、堅実をもって鳴る西本秀吉選手を訪ね、頼み込んだ。

「上田さん、西本さん、新潟師範には太田、高野という素晴らしい素質を持った少年達がいるから、ぜひコーチに行ってくれないか」

「判りました。両先生がそこまで言うのは余程のことでしょう。ぜひ行きますよ」

両氏は快諾し、芳郎が二年生の時にはるばる新潟まで来て指導した。さすが、日本一のペア上田・西本組には全く歯が立たなかった。

上田は芳郎に言った。

「太田君、君はいま後衛をしているが、体格も大きいし、前衛に変更しないか」

「そうですか。フォアのドライブには自信がありますが、スマッシュやボレーには自信がありません。ぜひ教えてください」

「私は百発百中のスマッシュ技術を持っているから、その技術を教えてやろう。しかし私の練習は厳しいぞ、最後まで挫けずについてこれるか」

「はい、ネット・プレーの技術を習得するまで、絶対やり抜きます」

芳郎は大きな声で力強く返事をした。上田は太田芳郎選手の将来性を見込んで、それから卒業するまで毎年コーチに来て、『上田式百発百中スマッシュ』を伝授した。

新潟師範時代、旗手が太田
（写真：『世界テニス行脚ロマンの旅』より）

このことを知った柏崎市の素封家で早大テニス部出身の洲崎義郎は、新潟師範の帰途の上田、西本両選手と、早大の全チームを柏崎に招き練習をさせた。その中へ太田、高野も入れられて、たっぷりもまれたので、たちまち大学選手並みの腕前となり、その年新潟県下を制覇した。ちなみにこの当時の衣装は、ニッカボッカーに地下足袋、ラケットの枠は合板、ガットは牛の腸と世界のテニスとは全く異なる日本独自の軟式テニススタイルだった。

さらに、大正六年（1917）芳郎が三年生（十七歳）のときには、北陸・関西連合中等学校庭球（軟式）選手権大会（金沢）に優勝した。決勝の相手はテニスの名門校、京都の平安中学だったが、完全に零敗させた。

同じ年、全国中等学校選手権大会（高師、高商、早大共同主催）参加のため東京に来た。太田・高野組を擁する新潟師範は、一回戦から前年の優勝校大成中学を3—0で破り、強豪の早稲田実業、豊山中学を撃破して1ゲームも取られず決勝に進んだ。

この大会参加のため、芳郎が初めて東京という所に出てきたころ、早稲田のコートに連れていかれ、同校選手と練習を共にしたが、上田・西本組のほかはほとんど負けなかったので、「大学の選手といえども何程のことやある」と、自信をつけた。

全国大会の試合期間中、上田選手はつきっきりでコーチした。

「太田、チャンスだ、それいけ」

遠藤・山口両先生も朝からコートサイドに陣取って激励した。

「奮え〜、奮え〜、太田・高野」

山口先生のかん高い声がいつまでも芳郎の耳に残る。山口先生はいわゆる典型的な「師範タイプ」で、真面目一方、誠心誠意をもって事に当たる人柄であった。芳郎のテニスにとって陰の力として大きな恩を受けている。表に立つことは易しいが、陰からつくすことは難しく、それだけ貴いことである。

　決勝戦では鎌倉師範に当ったが、五度のマッチポイントを逃し準優勝に終わった。その決勝戦を芳郎はいつまでも悔しがった。それは、文京区大塚台にある東京高等師範の夕暮れ迫るコートで起こった。芳郎はその光景をはっきり覚えている。

「完全に捉えたボールが、真向いの道に光る電燈のために目がくらみ、マッチポイントを逃した。あの一球は一生忘れられない」

　試合後、ぐったり疲れている芳郎をつかまえて、東京高師の学生が呼びかけた。

「オイ太田、負けてもお前の技は断然一番だった。悲観するな、俺についてこい。金はある。この通りポケットの中には十円札が一枚」

　連れていかれたのは、宝亭という洋食屋の二階。

「お八重さん、ビールとカツレツを持って来てくれ」

「いやいや、私はビールを呑めませんのでけっこうです」

「じゃあしかたない。水でも飲んでろ。カツレツは旨《うま》いぞ。いいか、東京高師庭球部の歴史は日本で一番古いのじゃ。明治十九年から始まり、三十年代後半には安藤、飯河という天才がいて全盛時代を築いてな、今また黄金時代を迎えようとしているのだ」

　その人の気迫に押され、ボーっとしていると、ほかの東京高師選手も上がってきて、話に加わった。

「太田君はどこへ進学する希望なんじゃ」

「私は、東京高師で英語を学びたいと思っています」

「そうかそうか、それはいい。東京高師はいいぞ、俺たちがいる。絶対入学しろよ」

「はい、わかりました。絶対入学します」

「太田、お前はかわいい奴だ。頬ずりするぞ」

「それだけは勘弁してください」と、芳郎は逃げ回った。その学生は、博物科の野村七平。後年、東北大で化石の大家となる。


芳郎は元々東京高師入学希望であったので、いよいよ決心を固め、その秋からテニスの方は止め、難関の英語科突破のため猛勉強に取りかかった。

この頃、新聞に熊谷、清水の外国での活躍が細々ながら伝えられてきた。わずか数行の新聞のニュースは、少年芳郎に大きな夢を投げかけた。それまで、テニスというものに世界の舞台があるとは知らなかったから、新鮮な刺激で目を覚まされるような気持だった。英国、仏国のある欧州や、米国、豪州では、テニスはすでに社会的関心も盛んになっていた時代だが、当時の日本ではまだ話題にもされない頃である。その時芳郎は「世界にこういうものがあるのなら、よーし俺もやってやろう。テニスは世界に出る俺の舞台だ」と思うようになった。

鉱山採掘師だった芳郎の祖父は、この頃静岡に出かけ油田を発見し、荒くれ男たちを使って石油井戸を掘らせていた。滅多に会えなかったが、たまたま帰宅したある日、芳郎は祖父と一緒に風呂に入り、背中を流した。祖父の背中は広く、筋骨隆々としていた。

「じいさま、俺は今テニスというものをしているが、日本一になるだけでなく、世界へ出て戦ってみたいんだ」

「芳郎。世界は広いぞ、世界へ飛び立つには外国語だ、英語ができなければだめだ」

「分かっています。何としても東京高師の英語科に入ろうと思っています」

「それとな、世界で戦うなら、正々堂々と勝負しなきゃいかん。どの国のどんな人が相手でも、逃げたりするな。真正面からぶつかるのじゃ。そうしたら何とかなる。その世界のてっぺんを目指せ。『斯界《しかい》の星』になるのだ」

祖父にも勧められて、東京高師へ入ろうと心に決めたが、東京高師は競争率二十倍余りという狭き門、試験の難しさでも、うわさに高い。そこで、芳郎は準備期間を設けることにした。当時、比角村村長でテニスでもお世話になった洲崎義郎の仲介で、比角高等小学校（現・柏崎市立比角中学校）の教員を務めた。教壇に立ちながら、英語の勉強とテニスの練習に打ち込める環境を便宜してもらったのである。

この頃芳郎は、同じ刈羽村にいる美しい娘さんが気になっていた。比角小学校への通勤途中で時々すれ違っていたが、ただ眺めているだけだった。きりりとした顔立ちで、歩く姿勢や立ち姿が美しいなと思うようになった。近所の人の噂では、石油の発掘で財を成した植木家の令嬢で、柏崎高等女学校に通う女学生だった。植木家は地元の子女が信州などに工女として働きに出ているのを不憫に思い、地元に製糸工場を作り、働く職場の確保に貢献するほどの裕福な家柄であった。しかし、芳郎は思った。「今の自分は受験のことしか考えないと誓ったはずだ。とにかく、東京高師に入学することだ、夢が実現出来たら親に話して、正式にお付き合いをしたらいい。それまではとにかく我慢だ」。そして再び誓った。「テニスも恋心も封印するぞ」。

英語の授業時間があまりない新潟師範から、東京高師の英語科に入ることは想像を超えて大変だったが、テニスで培われたファイトを燃やし、独学で勉強した。二年後、二次試験で初めて接した外人相手のヒアリングなどのテストに、「ああ、だめだ」と観念したが、フタを開けてみたら六百名中二番の成績でパス。二年間の努力が実を結び、大正十年(1921)、勇躍東京高師へ入学した。

芳郎が東京へ出ていく前、1920年、アントワープオリンピック大会で熊谷一弥選手が準優勝(銀メダル)、柏尾選手と組んだダブルスでも銀メダル、日本に初の銀メダル二個をもたらした。そして、芳郎入学の１９２１年、日本庭球協会がこの時初めて形式的に協会を作って、デビス・カップ（デ杯）に参加を表明、デ杯初挑戦でのチャレンジ・ラウンド進出というビッグニュースがもたらされた。

「時代が僕らに運をもたらしてきた！　いよいよ活躍するときだ。これからの人生は、『英語とテニス』の両輪で世界に羽ばたくぞ」

青年太田芳郎は、日本海に向って大きな声で叫んだ。

新潟を離れ、東京に向かう日も近い。

第三章　斯界の星現る

一、東京高等師範学校入学

大正十年（１９２１）四月、あこがれの東京高等師範学校（東京高師）英文科に入学した。太田芳郎二十一歳の春である。

東京高等師範学校の起源は、明治五年（１８７２）に設立された日本最初の「師範学校」で、師範学校令が制定された後、１８８６年「高等師範学校」となり、旧制度での中等教育教員養成の主流となった。更に１９０２年「東京高等師範学校」と改称された。学校の所在は当初、湯島聖堂（現在の御茶の水）にあった。御茶の水は「茗渓《めいけい》」と呼ばれていたため、東京高師及びその卒業生は自らを茗渓と呼び、ＯＢ組織を「茗渓会」と称している。１９０３年、学校は文京区の小石川植物園から大塚台町に登る湯立坂の北一帯を占める旧陸奥守山藩松平邸跡地に移転した。その一角には占春園という庭園があり、樹齢豊かな木々に囲まれ、清らかな泉がわき、古池が静かに佇む。テニスコートは占春園の畔を下り、坂道の行き止まりとなる一番低いところにある。コート数は三面、北と西は土手が切れ込んでおり、自然のスタンドになっている。周囲には桜の並木や大きな鈴懸の木（プラタナス）が植えられ、木陰をつくっている。

日本テニス協会によると、日本にテニスが初めて伝来したのは明治十一年（１８７８）、横浜・山手公園内の外国人居留地に専用クラブとテニスコートができた時とされ、横浜インターナショナルテニスクラブの入り口に、「日本庭球発祥之地」と彫られた記念碑がある。文部省が体育教員養成のため設置した「体操伝習所」（開講1879年）で、米国人教師リーランドが用具を取り寄せて指導したというのが、これまで最も有力な事始め説になっている。1886年、体操伝習所を吸収した東京高師では、リーランドの通訳を務めた同校教授・坪井玄道の指導で、テニスが取り上げられ、ローンテニス部が設けられた。

東京高等師範学校
（出典：東京高等師範学校1911年沿革略志）

ただ、当時の用具は輸入に頼り、すこぶる高価だった。このため、最初はやはり輸入物ながら、玩具用ゴムマリを使っていたが、東京高師は同年に設立された「三田土ゴム」に、国産ゴムマリの開発を依頼した。これにより、以後の日本ではゴムマリを使った「軟式（現在のソフトテニス）」が盛んになり、本来のテニス（硬式）は、一部の限られた人々の間で続けられることになった。

東京高師に続いて東京高等商業学校（東京高商、現・一橋大）に広まり、1898年両校の対抗戦が行われた。日本における最初の対校戦として開始されたが、これはデビス・カップ戦よりも二年古い歴史を持つ。世間の興味を呼んだのは、その白熱した応援団で、野次がすさまじく、「そろばん」「前掛け！」と高師が高商を冷やかせば、「麦飯」「官費！」と高商の野次が返ってきて、貧乏学生の多い高師側を悔しがらせた。

１９１９年、東京高師も早大もまだ軟式テニスを続けていた。慶大はすでに１９１３年から硬式に移行していたが、１９２０年になり、各大学が軟式から硬式を採用することになった。東京高師も岡部平太先輩が米国から帰朝し、「時代はもはや軟式庭球ではなく、硬式庭球に移っている。お前たちも硬式庭球へ代われ」と、変更をすすめた。学生もまた、「茗渓テニス部の往年のごとき再起を志すべき好機」という盛り上がりもあって、同年の後半に硬式テニスへの移行を実現した。

二、硬式庭球部発足

大正十年（１９２１）三月末、東京高師庭球部の岸主事から、「春練習に合流せよ」との手紙が新入生三人（太田、白髭、武田）に届いた。入学するより入部が先、桐花寮に入寮した時には、食堂へ行く通路の左側（第四寮）の側面に大掲示が出ていて、庭球部新入生の氏名を大書して歓迎の長い激励文が貼ってあった。学校全体の期待が感じられ、芳郎らの緊張感が高まった。武田はその時一見して背の高い頑健な体躯で、いかにも新潟の麒《き》麟児《りんじ》らしい溌溂《はつらつ》とした青年を見つけた。もしかして、これが噂の太田かと思い、気軽に話しかけた。

「君が太田君か。俺は武田です。お互い頑張ろうな」

「太田です、よろしく。白髭君も一緒だね、三人で暴れようぜ」

その時の部員は、最上級生（本科三年）の岸広、飯原好市、渡部善次、河合竦、本科二年が本間兵衛（副主事）、赤沢要雄、柴田周吉、山下三郎、土田孝正、本科一年が古賀吉造、そこへ新入生（予科一年）の太田芳郎、白髭丈雄、武田智が加わり、全員で十三人。芳郎らは、東京高師硬式庭球部発足時の歴史的メンバーの中に入ることになったのである。

芳郎らは、初めて打つ硬球には戸惑った。ラケットもボールも重く、ネットは真ん中が少し下がっている。どのように打ったらよいか分からなかったが、「とりあえず軟式打ちのウエスタン・グリップでぶん回すか」。芳郎は腕っぷしには自信があった。軟式用ラケットは三百グラム程度だが、硬式用は約四百グラムと重い。僅か百グラム程度の差だが、何百球何千球も打っていると肩や肘・手首への負担は甚大なものになる。加えて、軟式はゴムボールだから柔らかく、振り回さないと飛んでいかないが、硬式は固く、表面には フェルトが貼り付けてあり、当てれば飛んでいく。また、打っているとフェルトが毛羽立ってきて、激しく打つとしだいに薄くなる。加えて雨に濡れるとどっしりと重い。しかし普通の選手は馴れるまでに時間がかかるのだが、芳郎はドライブのかかった剛球を、初っ端からぶんぶん打って、天才ぶりを発揮し、皆を驚かせた。最上級生の飯原が、「太田君、君の来るのをどれだけ待っていたことか」と歓迎してくれた。

当時すでに硬球を採用していたのは慶大だけで、東京高師や東京高商、東京帝大及び他の六大学は同時スタートだった。この頃は、関東学生連盟のリーグ戦と個人トーナメントが行われ、伝統の高師・高商定期戦は中断されていた。この記念すべき硬式テニス移行第一年目、すなわち芳郎が上京した年のこと。入学して一週間目に極東大会の予選があり、赤沢先輩と組んでダブルスに出た。スマッシュ一点張りでどんどん勝ち、優勝者の北川・浅野組（東京高商）と準決勝で接戦をして、先輩たちに初陣をほめられた。硬式テニスのカウントは初めての人には難しい。実際はまだカウントの取り方もよく知らないのに、もし勝って、日本代表となり上海行きでも実現したらと、芳郎はいらぬ心配をしながら戦っていたのだった。

予科（一年目）の秋、古賀・太田ペアは早くも関東学生選手権大会ダブルスで、慶大の原田・木村ペアを破って優勝した。優勝の夜、庭球部の部屋で内輪の祝勝会をしていると、生徒監をしている厳しい岡本先生が、大喜びでこの会に足を運び、撮影に参加した。

「おお！　古賀君に太田君。優勝おめでとう。よくやった」

「これは、生徒監の岡本先生どうされたのですか」と岸主事。

「何を言うか。二人は茗渓の誉れじゃ。祝福に駆けつけたのさ」

「それはわざわざありがとうございます。選手一同大感激です」

「コーチらしいコーチが一人もいない東京高師の選手が、私大に対して一歩も譲らず、正々堂々と戦って勝った、ということは素晴らしいことじゃ」

「これは、古賀・太田両選手のもとより優秀な素質にあります」

「それだけではない、庭球部員全員が和気あいあいの中に切磋琢磨し、特に負けじ魂の養成に努力した点が上げられるぞ」

「主力の本科三年生、二年生に加え、もともと強い古賀、新人の太田、白髭、武田が加わって、部内の競争が一段と激しくなりました。また一方、主力選手ではない土田（本科二年）のようなテニス愛好者が、朝早くからコートに水を撒き、ローラーをかけてラインを引き、選手が出てくるとアンパイアをしてくれました。また、全校に触れ回って陰に陽に応援したことによるものとも言えます。皆をほめてやってください」

「そうじゃな。硬式庭球部は黄金時代を迎えたようじゃな」

岡本先生は涙を流して喜んだ。

一方、シングルスも順調だ。東京に来て早大の学生と試合したが、ほとんど負けなかったので、太田は「大学の選手といえども大したことはないな」と自信を持っていた。順調に勝ち進み準々決勝で、前年のチャンピオン東京高商の北川選手と対戦することになった。定期戦ではないが伝統ある両校の試合、しかも学生界ナンバーワンの北川に、東京高師の新人太田が対戦するというので、両校の応援団に囲まれて異様な緊張感の中で試合は開始された。一般の予想を裏切って、新潟から出てきたばかりの太田が6—1、6—2で簡単に前年覇者北川を退け、準決勝に進んだ。

勝利した夜、桐花寮第二寮十四室の万年床の中に寝ていると、国民新聞の写真班が来て、フラッシュをたいて、芳郎の寝間着姿を写していった。翌朝の新聞に写真と共に、「斯界の星現る」の見出しで、「定評ある北川は、見事に敗られた。太田は硬球を始めて日が浅いだけに、技術に巧味はないがバックに非常な強みを見せ、且つ軟球式に打ち込む猛烈なドライブの熱球は全く技術を超越した物凄さをみせ、さすがの北川も策の施しようなく、手も足も出ずして敗れた」と書かれた。しかし、翌日の準決勝で、東京帝大の木島選手に小雨の中、粘られ決勝進出を逸したが、「テニスで国際的な舞台に出たい」という野心は、この時からさらに強くなった。

当時の東都大学リーグは1921年に連盟が結成され、参加したのは東京帝大、東京高師、東京高商、東京高工、慶応大、早稲田大、明治大、法政大、立教大、学習院大の十校。

リーグ戦は春に行われたが、秋はトーナメント式の個人戦であった。東京高師はシングルスが強かったが、ダブルスは早大が強かった。決勝リーグに出ると、全校あげての応援があり、その中に少数ながら女性ファンも見られた。芳郎が指導に行っている竹早の府立第一高女の生徒のほかにも、赤沢がコーチしていた女学生の一団が現れ、その中でひときわ美貌の女性が目に残った。（後年、赤沢の妻になる）

各大学との対抗戦・リーグ戦では、太田はシングルス№1、ダブルスも古賀・太田組が当然№1として常にその重責を担った。対抗戦はポイント勝負だから、部員一同がそれぞれ責任を果たさないといけない。「東京高師は大将（№1）が大丈夫という安堵感があるので、余裕をもって戦うことができる。常日頃、学校内で強い相手に揉まれているので、リーグ戦では慌てることもなく、度胸満点の試合が出来た。当時、ルールに反するようなインチキ臭いオーダーの大学もあったかのように覚えるが、我々は常に実力通りの正々堂々たるオーダーで押し切った。そのため、リーグ戦での失敗は記憶になく、我が校の黄金期と言われた」と、東京高師の選手は胸を張る。特に母校で試合した時には新聞の見出しに「凱歌は高く大塚台上に揚った」と載ることもあった。

武田が面白いことを言いだした。

「おい、太田。お前はピアノが上手らしいな」

「高等小学校の先生をしていたから、少しは弾けるようになったぞ」

「寮の応接室にピアノが一台ある。今日は雨だから、一曲弾いてみろ」

「しかたないな。じゃ『ウォーターローの戦い』を弾くぞ。♪・・・・」

「へ〜。いとも軽いタッチで爽やかに、また勇壮に弾いて聴かせたな。奏法は堂に入っているし、君は歌も巧い。さすが天才じゃ、参ったよ」


東京高師に入学すると一年間は桐花寮に入る規則になっている。一寮は柔剣道の猛者達、二寮が運動部で、一番奥の十四号室が庭球部の部屋、三寮から一般学生だ。芳郎が庭球部の部屋に入って驚いたことには、清掃も整頓も全く行われていないらしいことで、土の着いた下駄で出入りし、万年床で汗の臭いプンプンとしたシャツ等が釘に掛けてある。二階からは「月夜の雨」が時々降ったりした。それでも、週一回の岡本生徒監巡視の日だけ、一寸箒を入れるくらいであった。芳郎はこの生活に耐えられず校則を破って逃げ出し、小《こ》日向《びなた》第六天町《だいろくてんまち》あたりにあった、東郷館という下宿を訪ねた。ここには、土田先輩の同学年で、テニスの大ファンである島崎さんが、ひとりで生活していた。


「島崎さんお願いがあります。一緒に下宿させてください」

「太田君、君はテニス部のエースではないか。寮を逃げ出して大丈夫か」

「桐花寮の生活には耐えられません。あまりに汚く一年間も住むことはできません」

「そうだろうな、俺も几帳面な性格だからわかるけど、あの生活はひどい」

「岡本生徒監には私がお話しします。怒られても叱られても戻るのは嫌です」

島崎は後年海軍兵学校の教官を務めた人で、若い頃から非常に几帳面な生活をしていた。芳郎はその生活態度に共鳴し、二人で一室を借り下宿したいと申し出たのだった。結局、二学期から寮を出て下宿するに及んだ。芳郎は岡本生徒監に大目玉を喰った。

「太田、いくらお前が優秀な選手でも、学校や寮の規則を破ることは許さん」

「しかし、岡本先生。寮の部屋はあまりにも汚く、土埃や汗の臭いがたまりません。そのうえ、寮生活に何のメリットを目ざしたのか分かりません。多分共同生活をやらせるためでしょうが、今の生活では共同生活の意味もありませんし、成果も皆無です」

芳郎はどんなに叱られてもかまわんと思って、開き直った。すると、意見を聞いた岡本先生は、「ウーン、ソーダッタカァ」と言葉を発し、黙ってしまった。その後、どう処置したのか分からないが、黙認の形になったようだ。

三、ライバル出現

東京高師に入学後二年目の春、芳郎は本科一年に進んだ。上級生の赤沢要雄、古賀吉造、太田芳郎、白髭丈雄、武田智に、新入生（予科一年）の西村修、菊地保も加わり、関東大学リーグに出場した。硬式テニス転向後二年目となったこの年のリーグ戦では、特に印象に残っている試合が二つある。いずれも、東京高師のコートで行われた。

第一は、東京高師対明治大戦シングルス№2、高師・白髭と明大・横山の対戦。

勝敗のポイントは両校4対4となり、この試合で勝敗が決まる。コートの周囲は両校応援団が取り巻き、熱気にあふれている。明大は№1の横山を太田に当てず、№2の白髭に当てる作戦をとった。二人とも負けられぬ試合、ロビング戦となり一球一打も疎かには出来ない。この試合は1ポイントの打ち合いが百五十本も続き、アンパイアもくたびれて、数人が交替した。白髭がコートの上に落とした腰のタオルに対し、相手選手がそこを狙って打って来たので、竹竿でタオルを取り除くことまで考えた。結局、二日がかり、八時間の試合となったが、ついに粘って白髭が勝った。

第二は、東京高師対慶応大戦シングルス№1、高師・太田対慶大・原田の対戦。

高師対慶大はリーグ戦の事実上の決勝戦、両校4対4となり太田とライバル原田武一《たけいち》の一騎討で、両校運命の決まる試合となった。この時には、全校の教室が空になり、テニスを知らない教官までコートに来て応援に参加した。加えて付属の小・中学生まで交えて大変な応援で、さらに他校の選手までも観戦に来ていた。当時の付属学校児童の中には、海軍大将の息子や西園寺公の孫がいた。試合は白熱し、第3セット後の十分休憩に、芳郎はミルクホールに飛び込み、ミルクをたて続けに五杯グイとあおって、またコートへ飛び出した。セットオールの末、最終セットをとり、東京高師が勝利した時は、感激の校歌が大塚台に渦巻いた。

その時の朝日新聞の記事は、次のように伝えている。

見出しは「太田は捨身の戦法で、老将原田も討ち死に」

「[…略…]硬式テニスを採用して二年目、新進選手をもって抬頭してきた高等師範は鋭意努力、慶応に対し接戦ここに三日目、四対四の同点の成績に両軍必死となり、遂に斯界の大立物原田・太田の一騎打ちとなった。勝敗の定まるはこの一戦にある。両軍とも盛んなる応援裡に選手も観衆も緊張して立った。然し原田が千軍万馬の将にも似合わず固くなり過ぎたのに、太田は捨身の戦法をもって早くも第一セットを勝ち、続いて第二セットに入れば、原田は陣を立て直し征衣の汗を拭いてもあえず、6―2と同点。しかし原田はもう弱って来た。太田は漸く落ち着いてコントロールよく攻め寄せ、阿修羅のごとく荒れ狂う原田に、ロブ、スマッシュと切りたて、遂に6―0にて原田を破り、5対4の接戦で高師の勝ちとなった。赤陽落ちて夕闇場を込むる時、張り切れるばかりの緊張は、高師の校歌となって場を沸かした」

原田武一は明治三十二年五月十六日に大阪で生まれたが、出身は岡山県倉敷市の素封家の長男である。小・中学校時代は軟式テニスに熱中し、慶応大学予科に入学後、１９１７年には硬式テニスに移行していた。このリーグ戦時、同年齢であったが、原田は最上級の四年生、芳郎はまだ二年生であった。これ以降、最大のライバルであるとともに、生涯を通して強い友情で結ばれた同士であり親友となった。

なお、東京高師の選手たちには、後日、リーグ戦勝利を祝し、校友会から舶来の高価な米国製ラケット・ゴールドスターが贈られ、講堂で厳粛な贈呈式が行われた。この当時、ゴールドスターは一本十六～十七円、ライト社製のボールは一ダース二十四～二十五円したという。ニューラケットも、ニューボールも、学生ではなかなか使えなかったのである。

また、この年の夏、全日本学生の中から十名を選抜し、早大ＯＢで庭球協会理事の針重敬喜を団長として、「満州・朝鮮遠征」が行われた。この遠征に選ばれた芳郎は、チームのナンバーワンとして主将を務めた。その時代の満州教育界は、ほとんどが茗渓テニス部の先輩から成り、まだ若手であった四角誠一（撫順高女）が満州におけるチームの世話役を担った。また、満州には、内堀、飯河、安藤、岡部、熊沢等、たくさんの大先輩もいて、「全国選抜学生の主将に母校の太田がなって来た」というので、彼ら一同は心からの歓迎をして、芳郎に深い感銘を与えた。後年ふりかえると、卒業後から引揚げまで、青壮年時代の大部分を「大連」で送るようになったのも、この旅行がきっかけだったと気付くのであり、これは、太田芳郎の人生行路の行く手を決めた大きな旅だったことになる。

四、全日本選手権大会準優勝

全日本選手権大会は大正十一年（1922）に始まる。記念すべき第一回大会は、九月九日から十五日まで、東京・本郷の東京帝大御殿山下コートに、男子選手シングルス六十三人、ダブルス二十六組が参加して行われた。初回のシングルス優勝者、福田雅之助の「全日本男子選手権大会十年の回顧」（日本庭球協会十年史）によれば、「［決勝には］御殿山コートの周囲、山下から山上まで黒山のように全く立錐の余地がないほどファンが集まった」という。国内には軟式庭球の素地があったとはいえ、新興といえる硬式庭球に対する興味と期待の大きさがうかがわれる。それは前年の1921年、デビス・カップ（デ杯）初参加の日本が海外在住の熊谷一弥、清水善造を擁して各国を撃破し、チャレンジ・ラウンドまで進み、デ杯保持国のアメリカと世界一を争う快挙（準優勝）を成し遂げたからである。

太田はシングルスで思わぬ快進撃を果たした。一回戦で八十川（早大）に〈6―3、6―4、6―4〉とストレートで勝ち、勢いに乗った。二回戦は鐵山（明大）を〈6―2、6―1、6―0〉と一蹴、三回戦は須永（慶大）に〈6―1、6―4、6―4〉とこれまたストレート、四回戦は竹下（大阪テニス）に〈6―2、6―0、3―6、6―1〉と、初めてセットを取られたが快勝。いよいよ準決勝、相手は関西代表格の強豪鳥羽貞三選手だ。先に2セット取られたが、〈4―6、3―6、6―1、6―4、6―4〉のフルセットで破った。とうとう5回勝ち上がり、記念すべき第一回大会の決勝に進出した。

相手は太田にとっては先生格（二歳年長）の早大OB福田雅之助選手（ポプラ）、スコアは〈2―6、5―7、5―7〉のストレートで敗れた。栄えある第一回の優勝は福田選手で、彼はニューヨークの日本倶楽部から寄贈された、「紐育杯」大カップ（ニューヨークカップ）を両手でしっかりと抱いた。

太田は軟式から硬式テニスに移行して、僅か一年半の経験しかない。にもかかわらず、決勝まで進出したことは驚異的なことといってよい。ウェスタン・グリップからのフォアハンドドライブで押しまくって、ライバルをなぎ倒し勝利した結果だが、さすがに外国製バッグを下げ、とくとくとして会場に通う老獪な福田選手には通じなかった。

福田雅之助は明治三十年五月四日、現在の新宿区西早稲田に生まれた。本格的にテニスをはじめたのは、早稲田中学に入学してからだ。次第に頭角を現し、早大コートや所属するポプラクラブのコートで現役やOBたちと練習を重ねた。そして、各地のトーナメントにも出場、優勝し自信も強めた。第一回全日本庭球選手権大会が開催されると、優勝候補筆頭の原田（慶大）を、ベストエイトでフルセットの末（3―2）打ち負かした。難敵を倒した福田は、後輩の川妻も一蹴、決勝へ進出し太田と対決した。太田の強烈なフォアのドライブに対し、福田は日ごろ鍛えた正確なストロークとボレーで対抗。弱点を巧みにつき、強打一方の太田を圧倒し、ゲームカウント3―0でニューヨークカップを獲得した。二十五歳の時だった。後年、福田は『ローンテニス』誌（1926年5月号）に、次のような感想を語っている。「第一回全日本の決勝戦。太田君の強烈なフォアに押しまくられて、幾度か危機に陥っては漸く表面に浮かび上がってくる風船虫のようだったことを想い出す。でもあの時、太田君のテニスは変わったなと直感した。軟式時代のうま味がだんだん薄れたのに反して、堅実みが一層濃くなってきた」。

福田は1923年、早大初のデ杯選手として渡米し、イースタン・グリップの創始者とも言うべきチルデンと、運命的な出会いをした。福田はチルデンの科学的で立派なことに心酔し、ついに自分のテニスを根本から変え、イースタン・グリップに転向したのだった。福田は後に東日新聞運動部記者となり、観戦記事・署名記事を書いた。有名な一文「庭球規」は、福田雅之助が記した。「この一球は絶對無二の一球なり　されば身心を擧げて一打すべし　この一球一打に技を磨き體力を鍛へ精神力を養ふべきなり　この一打に今の自己を發揮すべし　これを庭球する心といふ」

他方、太田にとっても、この記念すべき大会での準優勝は、確固たる自信と、明るい未来が開けていくことを感じさせるものとなった。秋の関東学生選手権大会シングルスでは、予想通り慶大の原田武一選手と決勝で対戦することになった。信濃町の慶大コートで数千人の見物人が見守る中、〈12―10、3―6、4―6、6―2、6―3〉、五セットの接戦を再び制し優勝した。この時の二人の激しい打ち合いについては、三十年後になっても、観戦していた先輩が「太田君、あの時の原田選手との打ち合いは凄かったな。あの試合は未だ忘れられん」と、昨日のことのように話してくれるのには、芳郎も驚いた。

芳郎の全盛時、この様な試合には新しく張ったガットを二、三本は切るため、夜になるとガット張りが一仕事だった。東京高師テニス部の部費には限度があるので、みんな自分で張替をした。今の時代は専用の機械（ストリングマシン）があり、張りの強さ（テンション）を精緻に調整できるが、当時は自分で張る（手張り）のが当たり前で、ガットの強さの調整は自分の勘と腕力で行った。試合の前の晩には、テニス部総員張替の状態で、椅子に掛けて行う者あり、寝室の畳の上で張る者あり、何人もが真剣な顔をして頑張っていた。誰かが締めすぎてパチンと切ると、いつも欠かさず即座に「ヤッター」と、菊地が奇声を発するのが、弥次とも同情とも聞こえて、みんなを笑わせた。そんな中でも、太田は誰よりも早く、手際よく仕上げたので、「テニスの腕前くらいガット張りも上手だ」と皆が評価した。

五、KSカップ出場

芳郎は本科二年（二十三歳）の春にひどい扁桃腺炎を患い、不調のスタートを切った。更に校長先生をしていた父親が、この年急死し、不幸が重なった。学費の支援を絶たれたばかりか、長男であったため、このときから父親代わりに五人の弟の面倒を見ることになる。清貧な暮らしをしていた父から援助してもらった学費は、入学時の五十円だけ。東京での生活は文部省の給費二十円、「新潟県秀才教育山口資金団」という奨学資金団から二十五円、これで一ヵ月の学費は十分であったが、さらに資産家笠間家（遠藤佐市郎先輩の妻の実家）の子息の家庭教師を頼まれ、多額の謝礼を受け取っていた。笠間家には週三日英語を教えに出かけたが、更に二つの家の家庭教師をつとめ、週に五日は教えに行かねばならないため、練習量は同僚の誰よりも少なかった。それをカバーするためには、練習の時はどんな弱い相手でも、全力を尽くして戦うことにしていた。

芳郎はプライドをもって自画自賛する。

「試合でも練習でも自分ほど6―0のスコアを多くとった者はいない。母校コートの練習試合で失ったセットは、赤沢先輩に一回、白髭君に二回、後輩の森君に一回、全部合わせても四セットくらいだ。これは誇るに足る記録だ」

すかさず、武田が反発する。

「いや、俺も一セット奪った。それは絶対間違いない。だから、太田が失ったセットは五セットだ」

「武田にセットを取られた？　そんなはずはない。お前の記憶違いではないか」

「何を言うか、俺ははっきり覚えている。本科一年の秋の終り頃だった。何百回負けたか知らないが、この点は必ず、訂正しておけ」

この二人の「取った、取られてない」論争は、その後も延々と生涯にわたって続く。

また、太田は精神的な側面（現在のメンタルトレーニング）にも注力していた。独自に、気力を最高に充実させる方法を会得していたのだ。インサイドワークの優れたテニスで、自分のペースに引きずり込んで戦う。相手のペースを意識するということ自体がマイペースを失っていることだから、禅の修業で得た「不動心」で、どのような試合にも臨んだ。剣禅一致ならぬ球禅一致であった。

関東学生選手権大会では、決勝で早大の八十川選手を倒し、シングルス連続優勝（二連覇）を果たした。学生では、すでに敵はいなくなっていた。

前年、準優勝で惜敗した全日本選手権大会の、この年の第二回大会でも、太田は順調にベスト四に進んだ。会場は大阪豊中の築港コート。準決勝の相手はまたしても原田武一選手、お互いのライバル心が強く、激しい打ち合いになった。第一セットは、太田が放つ左右の猛烈なドライブで、原田選手は手も足も出なかった。しかし、第二セットの途中から原田選手よく頑張って挽回し、太田は最終的にはセットを取られた。その試合を見ていた人からは、「突撃もあれくらい猛烈に行くと痛快の範囲を脱して殺気立つよ。あのレベルの試合は、その後見られなかった」と評価された。しかし、太田自身は「最後まで遺憾なく戦ったが、扁桃腺炎で体力が落ちていたかな。敗戦は仕方ないか」と、満足しつつも後悔が残った。結局、原田選手は決勝で鳥羽貞三選手（神戸高商、現・神戸大）を、フルセット（3―2）で破って見事優勝した。この優勝により、原田選手はハーバード大の「特別科」に留学することが決まり、デ杯選手として一足先にアメリカに旅立った。後年考えると、この時太田が負け、原田が優勝して留学を勝ち得た差は、予想以上に大きかった。太田は「原田君に完全に先を越された」と悔やんだが、あとの祭りであった。

この年の十月二十九日～三十一日、第一回ＫＳカップ東西対抗戦が、阪神鳴尾コートで行われた。熊谷一弥選手、清水善造選手の功績（オリンピック、ウィンブルドン等）を讃えて、熊谷・清水の頭文字を取り、「ＫＳカップ」東西対抗戦として設けられたものである。関東からは監督に針重、選手は福田、安部、川妻（早大）と太田が代表になった。関

第１回 KS 杯東軍選手左から安部、福田、川妻、太田（写真：『世界テニス行脚ロマンの旅』より）

西からは監督に山桝、選手は鳥羽、吉田、小林と、四角誠一先輩（東京高師卒業後、京都大学在学中）であった。試合方法はデ杯と同じ四シングルス、一ダブルスの計五ポイント。東西代表シングルスの四人のうち二人が茗渓となった。

試合ではシングルスで四角と太田が戦うことになった。茗渓テニス部の先輩・後輩が代表選で戦うのは、光栄なことであるが緊張は半端でない。堅実無比の四角を相手に、太田は強襲しても役に立たず、途中で脚の痙攣をおこした。

「しっかりしろ、俺に負けるようでは駄目だぞ」

四角先輩はコートチェンジのたびごとに、目で励ましてくれているように、太田は感じた。後輩である太田としては、体力で負けるわけにはいかず、粘りに粘ったうえネット・プレーまでして負けじ魂をしめした。最後には、危ない

勝ちを先輩から譲ってもらった形になった試合であった。太田〈2―6、6―3、7―5、7―5〉四角

新興のテニス人気はなかなか盛んで、連日コートの周囲には大勢の観客が集まった。東西の名選手を揃えたので、技量からもプレーぶりからも大きな賞賛を受けた。

福田雅之助は、「第一回KSカップに一緒に出場したことが一番楽しかった。試合後の川妻さん（ドロさん）と太田君との会話が絶妙だったね」と、のちに笑って言った。その時の会話は次の通りだった。

川妻「太田君、自動車に酔うようでは将来会社の重役にはなれないね」

太田「いいや、ドロさんそれは違う。重役の自動車はこんなに揺れやしないよ」

福田「熊谷さんは船に、清水さんは汽車に酔う。太田君は自動車に酔うから、将来きっとお二人と同じように大選手になるだろうよ」

この年から、茗渓テニスクラブの仲間が全日本ランキングに登場した。

シングルス（単）：太田三位、白髭八位、古賀二十位

ダブルス　（複）：太田・古賀七位、白髭・武田九位

白髭、武田、太田の同期三人は仲が良かった。東京高師入学後、三年目ともなるとお互いのことが良く分かり、言いたいことが云える仲となっていた。特に、武田は太田を尊敬

しつつ、忌憚のない言葉を言い放った。

武田は言う。

「太田芳郎、君のモットーは何だ」

太田は答えて、

「He plays as he lives. その人のテニスは、その人の日常生活から生まれる、だよ」

「日常生活とは、具体的には何だ？」

「全生活が試合の好結果を得る基本。これが俺の信念だ。例をあげると、右手はラケットを持つ手だから、重いものなどを持つのはすべて左手にしている。万一右手に事故があれば、テニスができなくなるから、極力かばって大切にせよ、と人にも言い、自分も忠実に実行しているよ」

「なるほど。他にもあるか」

「生活態度だね。親父が厳格だったから、いい加減な生活をおくると厳しく叱られた。整理整頓、約束や時間を守る、人に迷惑をかけないなど、すべてだ」

「ふ～ん。そこまで考えているのか」

「コート上で万全の真価を発揮するためには、細心の注意を払っているよ」

「お前は天分に加えて、目に見えない陰の努力を重ねているんだな。それで、敗色濃厚な不利な状況になっても、どっしり構えていられるんだ」

六、パリ五輪騒動

太田が最上級生となった大正十三年（1924）は激動の年だった。福田・原田両選手がデ杯のため渡米し、鳥羽選手は上海に赴任したため、好敵手がいなくなった。一人舞台であったはずが、盲腸炎（あとで詳述）で手術をしたため、ほとんどの大会を欠場した。その結果、全日本ランキングは男子シングルス五位に落ちた。

この年太田は大阪に出張し、春開催の大阪毎日選手権大会に優勝した。人気のあるこの大会は二百数十名のエントリーを集めたが、太田は決勝まで1セットも落とさず進出した。場所は大阪の中心地に位置する靭テニスコート。決勝の相手は四歳若い大阪高商（現・大阪公立大）の三木龍喜《たつよし》選手。後年、デ杯チームで一緒に戦うことになる関西の若手である。ただし、天候ばかりを気にする三木に対し、わずか三十五分の短時間、〈6―0、6―1、6―1〉というスコアで太田が大勝した。

またこの年には「パリオリンピック」が開催された。オリンピックでのテニスは一旦今回が最後の年となるが、日本代表には在米の原田・福田・在インドの岡本の三人が選ばれた。この選考直後に大阪毎日選手権が行われ、太田は十八ゲームを失っただけで優勝した。

この戦績が評価され、急に追加選手に推薦された。日本チーム出発の三日位前の決定。あまりにも急なことで出発準備に大騒ぎ、ネクタイの結び方も知らない貧乏学生が「洋行」することになったので、その支度に日時がなく、神戸出帆、インド洋経由の選手の乗った「鹿島丸」に神戸から乗船できず、下関まで列車で追いかけて漸く間に合った。テニス部では親友の武田が下関まで同行して世話をした。太田は下関の埠頭で学帽を振りながら見送ってくれた武田の姿を、遠く港が消え去るまで探し続けた。ただし、出発前の徹夜や夜行列車、初めての汽船と目まぐるしい無理が祟ったのか、上海でエキシビション試合を行った夜から猛烈な腹痛を起こした。それが盲腸炎であったのに気づかず、手当てが遅れ、意識不明の重態のまま香港で下船、担架に乗せられて病院に運ばれ入院した。担当の青年医師荒垣氏が、「日本選手を殺してはならぬ」と病室泊まり込みの看護の結果、生命はとりとめたが、最初の外征となるパリ行きの夢ははかなく覚めてしまった。結局オリンピックを棄権し、九死に一生を得て日本に帰った。

武田は悔しがる。

「俺が下関の埠頭で鹿島丸を見送った時には、元気だったじゃないか」

「悪かった。あの時は多少疲れていたけど、まだ何ともなかったのだ。それが、上海でのエキシビションマッチ後、急に猛烈な腹痛を起こしたが、原因が分からず、我慢してそのまま香港まで行ったのだが、盲腸炎に気づかず、だいぶ手遅れだった」

「それで香港で下船したのか。入院の報を聞いて、実に驚き、落胆したよ。庭球部長の田中先生に看護婦を送る必要の有無を電報で訪ねたが、『不要』ということで安心した」

「担当の荒垣先生はじめ、病院の皆さんが必死の看病をしてくださり、何とか一命はとりとめたよ」

「元気で帰国して良かった。全く不死身の体力に加うるに、鋼鉄のごとき精神の持ち主で、しかも運が強い男だとつくづく感心したな」

「ありがとう。心配かけたな。しかし、東京に庭球選手はたくさんがいるが、盲腸のないのは俺一人だぞ」

「まあ、カラ元気でもいいさ。でも、パリオリンピックに出場できなかったのは、つくづく残念じゃったな」

盲腸を手術し、退院後帰国。一カ月もたたない秋の全日本選手権大会では、まだ体力も回復せず、その年優勝した俵積雄選手（東京帝大）に惨敗した。何よりも残念なのは、この入院のために国際テニス界へのデビューが三年遅れたことで、もし、三年早く出かけていたら、「原田選手以上の、相当のところまで行けたはずだ」と悔しがった。

太田芳郎は二十四歳になった。古今和歌集の中に物の名を読み込んだ歌があり、英文科であるのにかかわらず、当時部員の名前を読込んだ洒落文を即席に作って皆を笑わせたことがある。この頃、初恋の文子さんのことが四六時中忘れられなかった。そこで、上級生としては古賀一人だけを挙げ、自分を冒頭に置いて、黄金時代の高師メンバーを脳裏に描き、歌を詠んだ。「おおた（太田）その日より恋にこか（古賀）れて、共にしらひけ（白髭）までとちぎりしに…」。

文子さんとは、第二章末尾でも述べたが、同じ刈羽村出身の植木文子さんで、この頃すでに柏崎高女を卒業していた。芳郎は東京高師合格後、植木家と石油関係の繋がりがある伯父さんに紹介を頼み、両家で交際の許可を得ていた。芳郎は早婚の方だった。親友の武田は、「スポーツ界を見ると若くして結婚し、偉大なる成果を上げた人はたくさんいる。当時、わが庭球部では妻帯者は君だけだった。転宅・大掃除などに手伝いと称して部員多数が押しかけて、度々ご馳走になった。温かい楽しい家庭に帰り、落ち着いて静養・休息することができて、次の大いなる活躍源になったと思う。君は文子さんの内助の功が加わって、不朽の名声を得たといっても過言ではない」と語っている。

正式には１９２４年三月六日、芳郎は生涯の伴侶となる文子さんと結婚した。新居は学校からほど近い巣鴨宮下に構えた。先に触れたが文子さんの実家は石油の発掘で財を成し、地元の雇用確保のため製糸工場を作ったほどの裕福な家庭だったが、婿の芳郎は生活費や学費等の援助は一切受けなかった。

最終学年の翌年は卒業である。太田はパリオリンピック代表選手に選ばれたものの、途中病気で試合に不参加のうえ入院のため、第一学期の卒業試験は受けていない。出席日数も不足し、卒業を決める教授会では、卒業か原級かで問題になったそうだが、田中寛一教授（テニス部長）、岡本生徒監等の説得で、辛うじて番外卒業と認定された。当時の卒業生は人数が多いのに東京に残れるのはただ一人、校名により指定された学校に配属される仕組みであった。さてどこに配属されるか、東京は誰もが望むところだから、大抵は首席かこれに近いものが選ばれる。太田は考えた、「同級生は二十四人、私は番外のビリでどこに飛ばされても文句はない」。

ところが思わぬ事態が発生した。

白髭は「俺は大阪がいい」。武田は「俺は京都だな」と次々希望先を言う。結局、同級生二十四人が申し合わせて東京を辞退した。「太田を東京配属にしてください」と、全員が推薦してくれた。その結果、東京府立第八中学校（現・小山台高校）に任命され、母校でも練習ができるようになった。その後、全日本選手権に優勝、デ杯選手として四年間外征できたのも級友の恩情によるところが大きい。卒業後各地に散らばった級友は、海外での太田芳郎選手の戦績を新聞で見て、我が事のように自慢していたという。太田は几帳面な性格で、東京高師入学の頃から一日も欠かさず日記を書き続けている。たびたび古くなった日記帳を眺め、この級友の友情と彼らの面影を昨日のように思い出し、感謝していた。

七、卒業、信念と迷い

太田は東京高等師範学校を卒業し、東京府立第八中学校に赴任した。住居も東京市荏原区平塚村（現：品川区平塚）に移した。新任校では多事多端で、テニスの練習時間はあまり取れなかった。逆に、テニスが強いことで注目されたがゆえに、教育者としてはまだ認められていなかったかもしれない。一人だけ優遇されるわけにはいかなかった。このあたりは、商社や銀行の海外勤務とは全く異なった条件だったのだろう。しかし、この悪条件を克服して数々の大会やトーナメントで活躍した。

先ず、極東オリンピック大会に出場、日本チームの主将としてマニラに遠征し、優勝した。選手は鳥羽、太田、吉田、小林。ただし、太田は盲腸後の調子が戻らず、一日目に敗れ、三日目は三十八度を超える発熱のため棄権、僚友鳥羽選手の健闘で辛うじて日本の勝利となった。この不覚の一敗の傷は、太田の胸に末永く残った。

また、第七回毎日選手権では、シングルス優勝、ダブルスでも優勝した（ペアは森勝礼）。続いて、明治神宮大会のシングルスで優勝した。その結果、この年の全日本ランキングは、単＝太田三位、白髭八位、森勝礼九位、複＝太田・森九位となった。

大正末期の東京高師庭球部は、全日本ランカーをたくさん輩出し強かった。太田はその理由を次のように考えている。「私は新潟師範時代、北陸関西中等学校選手権で優勝し、全国大会準優勝。白髭は大阪毎日の全日本中等学校に優勝、森勝礼は東京の全日本中等学校に優勝、森純吾も大阪毎日全国大会に優勝と、四人も揃って全国一となった者が偶然にも一校に集まり、毎日同じコートで鎬を削って競り合ったことにもよる。しかもこの四人は、全くタイプの違った、強烈な個性の上に育て上げたテニスであった。テニスが巧かったのではない。勝負に強かったのである」。

太田は新潟師範時代、東京高師時代、卒業し教師となっても、常に練習不足の環境の中にありながら、勝つことが出来た。それは、日常生活の徹底した節制と、子供のころから鍛えた田舎での遊びや鍛錬に負うところが大きいであろう。このころから、太田は確固とした信念を持ち始めた。

第一は「スポーツの修得は早ければ早いほど良い」という考えだ。好きなことは苦心がいらず、一度身につくと、しっかり骨の中までしみとおる。自身も今まで「血のにじむような練習や鍛錬」をした記憶がない。練習時間も他の者より何倍も長い時間を費やした覚えもない。いつも楽しく、いつも愉快で、いくらやっても飽きないほど面白いので、ただ一生懸命やっただけだった。

第二は「様々な遊びを日常的に行う」ことだ。芳郎少年は五歳から十歳くらいの頃、「クイチ」と「メンコ」の遊びを盛んに行った。他にも、縄跳び、竹馬、合戦ごっこ、川水遊び等の勝負を争う遊びが主流であった。木に登ってせみを捕えたり、柿や栗の実を失敬したり、川に入って雑魚を漁り、冬になると手製のスキーで山野を駆け巡り、下駄で作ったスケートで池の上を滑ることに熱中した。このような遊びは、知らず知らずのうちに脚力を養い、腕力、握力をつけ、身体のばねを強いものに育ててくれた。この幼い時に培われた強い「身体と勘」が大人になった時重要で、基礎になったのだ。

しかしいくら幼少時からの貯金があるといっても、中途半端な現在の教員のままでは「太田のテニス」がダメになってしまうと悩んでいた。そんな状況を見るに見かねた満州の茗渓ＯＢ達に、「太田を満州に呼ぼう」という考えが浮上した。

太田の東京での生活は初めての経験が多かった。学生選手権大会でいきなり優勝、学生寮の乱雑さに驚き脱出、家庭教師に明け暮れ練習不足、父の死と結婚、テニスで活躍しオリンピック代表選手になったが盲腸炎で辞退等。同級生の好意で東京府立第八中学に赴任するも、テニスの練習や試合は疎かになり忸怩《じくじ》たる思いは募る。そんな折、茗渓テニス部

ＯＢが活躍する満州へ赴任の声がかかる。太田芳郎の「こころ」は揺れた。「東京で教職に専念するか」、「満州でテニスと教職とを両立するか」、「テニスに集中して教職を休むか」。英語科の芳郎は、愛読書シェイクスピアの「ハムレット」の心境だった。

東京の赴任については、同級生の想いがいっぱい詰まっている。自分の赴任先を譲って太田を東京に残るようにしてくれたのだ。裏切るわけにはいかない。一方、満州へ行くには不安がある。それは、すでに結婚しているため、家族を連れていかなければならないことに関係する。政情不安に加え、冬の厳しい寒さが待っている。最後に、テニスに集中するには経済的な背景がない。兄弟の面倒を見なければならない立場にある長男の芳郎は、一家の大黒柱になっていた。この当時、全員がアマチュアで、テニスから収入は得られない。働く必要のない資産家は別として、商社か銀行に勤め海外駐在するか、留学生として海外で学び滞在する道しかない。日本のテニス選手としては、三井物産に清水善造と柏尾誠一郎、三菱銀行に熊谷一弥、安宅商会に三木龍喜がいて、留学生の原田武一（ハーバード大）や安部民雄（ドイツ哲学）らも海外で活躍している。しかし、デ杯などで活躍した配当金収入は、全て日本庭球協会に入ったにもかかわらず、日本庭球協会から彼らへの給与は支払われていない。芳郎は同年齢の慶大卒の原田武一選手を羨ましく思っていた。原田の生き方は破天荒だ。授業にはほとんど出席せず、テニスの練習と豪放な私生活が有名だった。彼はテニスに集中し、デ杯でも主要大会でも世界で活躍している。学生時代は俺の方が強かった、だから俺にだってできるはずだ。そう思うと居ても立ってもいられなかった。「海外で活躍できる道は無いか」。東京府立第八中学の教壇に立ちながら、思いはしだいに強くなっていった。

太田は庭球部部長の田中寛一教授（文学博士）に、相談に行った。

「田中先生、今のままでは思うようにテニスができません。しかし、私は教育者の道は捨てたくありません。父が厳格な教育者であり尊敬していましたので、教師が天職だと思っています。何とか両立する道はないでしょうか」

「太田君、君を見ていると私の一年先輩の飯河道雄さんを思い出すよ。二人とも茗渓が生んだ庭球界の天才といえる。私達の頃と違って、これからは硬式テニスの時代がやってくる。国内の大会だけでなく、デビス・カップや海外の主要大会で活躍することだ。君の才能は日本にとって、その時きっと役に立つはずだ、我々はその才能の芽を摘んではいけない。いま、満州の飯河先輩は旅順中学校の校長先生をしている。岡部平太君も満州にいて茗渓の地盤は盤石だ。彼らに相談してみるから、少し待っていてくれ」

「そうですか。満州に行けば教職に就きながら、テニスの練習も十分できるのですね。それはぜひ行きたいな」

芳郎は、夢にかける想いを膨らませていった。

八、いざ、満州へ

大正から昭和へ元号が変わる激動の時代にあって、太田芳郎の運命も東京から海外へ羽ばたこうとしている。

まもなく田中部長から返事を聞かされた。

「太田君、満州（大連）で受け入れてくれるそうだ」

「ありがとうございます。いつから行けるのでしょうか」

「来年、四月からになると思う」

「実は妻の文子に子供が授かりまして、来年一月が予定日です。忙しくなりそうです」

「そうか、それはおめでとう。大きな出来事が重なるから、奥さんも無理をせんようにしないといけないな。前にも言ったが、君は飯河先輩と多くの共通点がある。第一に頭脳明晰であること。飯河先輩は数学の専攻であったが、教室に出なくても難問題の解けた人だ。太田君は英文学の専攻であるが、一を聞いて十を知るという人の部類に属する。第二に練習時間の最も少ないことだ。コントロールが巧かったことのほかにも、試合においてそのよい頭を使っている。従って、コートに立たない時でも頭の中では常に戦法、打球法について練っている。ただ打ちさえすれば練習になると思う者にはよい戒めである。加えて、庭球界に名を成さしめた重要な点は、その胆力にある。コート全体を呑んで全力を尽くすのである」

「恐れ多いことです。私はまだ飯河先輩の足元にも及びません」

「そこでだ、君に忠告しなければならないことがある。それは君が短気なことだ。君は天才的の人であるから、平凡を好まない。この傾向が試合の時に時々現れて不覚を取る時がある。相手が平凡な戦法をもって持久戦に入ろうとすると、きっと奇抜な球をもってこれに対する。いままでの戦績中、失敗した時はいつでもこのような場合が多い」

「わかりました。先生のご忠告、肝に銘じます」

「ウム、大連では練習の余裕を与えられるそうであるから、この機を利用してその天分を発揮することに努めたなら、いま米国で活躍している原田君、あるいはそれ以上の庭球人たることが出来るであろう。頑張りたまえ」

　太田芳郎は日本国内を出て、海外へ羽ばたいていく。その後姿を応援するかのように、以下に先輩、テニス仲間の証言がある。（『ローンテニス』、1926年4、5月号）

㈠「僕の見た太田選手」鎌田芳雄（日本庭球協会理事）

　太田君は理智の人と思う。その思い切ったストロークを見た目にはいかにも放胆な性格の持ち主のように映ずるが決して左様ではなく、全く理智に基づいた自信というか、信念というか、その現れに他ならないと思う。従って「ゲーム」に「ソツ」がない。試合上手であるが掬《きく》すべき妙味に乏しい。第二には、闘志最も旺盛の人である。ただしその闘志は他の人と違った趣がある。一か八かという乾坤一擲の離れ業を演ずる的な冒険的闘志でなく、また喰い付いたら離さないブルドッグ式でもない。敵を倒さねばやまぬ気魄、全神経を傾倒して苟《いやしく》もしないという冷静闘志の所有者である。従って、一旦コートに立つや、決意面上に現れ不撓不屈窮地に陥るも矛を収めず。今テニス界に一番必要を痛感するものは、「ストレングスなテニス」である。君はこの点において立派に範を示してくれている。理智、従って冷静闘志旺盛、従って旗鼓《きこ》正々堂々という方程式が、太田君の「テニス」を表する一つの答案ではなかろうか。この答案を採点してみると疑いもなく優等の成績であるが、ただし満点を与えるべきであろうかどうか。柔らかみと押以外、力以外の物が肝要である。太田君のテニスには、強みは何人にも譲らぬが、テニスを妙味づける余裕というものがない。表面は至って冷静沈着であるが、胸中には溶鉱炉のように熱火が燃えている。熱度の加減は非常に難しいものだが、その加減に工夫を積まれると、そこに必ず余裕が生ずる。かくして君のテニスは完成されるであろう。満州の天地は雄大である。君の心境に一段の明照を加える可きを疑わない。敢えて盾の半面から評したことを付記する。

㈡「最も強かった其の印象」越渓生

太田君は日本のテニス、自らのテニスというようなものを創造しようとしているのかもしれない。単に技巧やアメリカの真似事をして、テニスの能事終われりとしておるものの中にあって、太田君は意気のテニス、自らのテニスを、どこまでもやり遂げようとしている。そこに非常な長所を認め、これを尊敬せねばならぬ。

サービス、ドライブ、ボレー、スマッシュ、一つとして太田君独特のものならざるはない。ことに、バック、グラウンドから高くバウンドした球を打ち込む一種のストロークなどは、ほとんど誰にも見ることが出来ない打ち方である。俵積雄君は三木龍喜君に対しよくこのストロークを利用して得点したのを見受けたが、これは太田君のストロークをまねたかヒントを得たものに違いない。しかし、ドライブは別として、あのサービス、ボレー、スマッシュは太田君独特のものとして、もう変更する必要はないものであろうか。太田君が模倣でないテニスを創《はじ》め、またやっておることの精神に対しては大賛成であるが、これら三種の打ち方に対して、あれをもって適当な打ち方であると信じておるとすれば間違った考えではあるまいか。身体が棒立ちになっているサービス、レヴァースのようなスマッシュ、角度のないボレー、それらは太田君のテニスの一大欠点であると信じる。太田君は頭脳明晰なる人物、先刻承知でなお改めないなら、変通の自由をも知っている太田君がそれくらいのこと知っていて実行できないことはあるまい。これを知っていてわざと実行しないのではあるまいか。あの強烈なドライブの外に、サービスとボレーとスマッシュに改良を加えたなら、天下無敵のプレーヤーとなるであろう。

㈢「満州の曠野に赴く太田選手」森勝礼（東京高師昭和二年卒、ダブルスパートナー）

陽春四月、美しい桜の花に送られて、太田芳郎氏は遠く満州大連の市立高等女学校に転任することとなった。卒業と同時に、東京府立第八中学校の先生となったのであるが、テニスに理解のない第八中学校は少しも幸いしなかった。練習らしい練習は一年間できなかった。試合の準備もできず不満の中に一年を過ごした。東京に残って沢山練習してくれるといいが、相手がいないのではどうしようもない。［中略］太田氏には今や非常な熱がある。大望がある、野心がある。今年彼が出場する全日本選手権と神宮大会の二大トーナメントは、必ずやこの遠征者によって一段の興味と光彩を添えることと信ずる。この大陸的な意気に燃ゆる将を迎えることにより、一大脅威となって東洋のテニス界に波紋を画き出すかもしれない。太田氏よ！　君の満州において成さんとする修行に対しては、あるものは疑い、あるものは期待している。しかし、君の内地遠征のその華々しい日を、天下のファンが一人残らず待っているのだ。厚い厚い煉瓦壁に穴ができるくらいの猛練習を‼

㈣「私の眼と心に映じた太田君」福田雅之助

私の歓迎試合の時にお目にかかりました時、君は元のような相変わらずの自己信頼を徹したテニスをしているのを見た私は、君の自己の信ずるところを、守ってゆくことの堅い心に感心しました。一方、これが君のテニスに一禍をなしているのではないかとも愚考しました。ともかくも、口をしっかり締めて目に鋭い光を放つ君は意志の強い人だと思います。一方、君はピアノを演ずるほどに、又スラスラした心地よい文章の持ち主として、どこか心に温かみを持った良い人であると思います。

満州には、君には二つの深い意味がありましょう。一つはますますテニスを磨いてデ杯に行く一階段として。もう一つは、もっと深いそして尊い伸びゆく若い少女の教育であります。以上の二つのものに対して物に動ぜぬ、常に正しい善い道をしっかりと歩いてゆく君は、必ず美しい収穫を得ることと私は信じます。満州は気候が日本と異なりますから、どうぞできるだけ身体に注意して、君の今から入らんとしている新しい道に、君の体中に湧く「力」をいかんなく発揮せられるように、早稲田の隅から、君の幸福と健康を私は祈って止みません。では太田君、御機嫌よろしう。

以上のように、太田芳郎への愛情あふれるメッセージが続いた。各氏の話を総括すると、太田芳郎のテニスにおけるプレースタイルが浮かび上がる。

【強み、長所】天才型プレーヤー、頭脳明晰、理智の人、体力に優れる、胆力がある、信念がある、物に動じない、意志が強い、闘志旺盛、強いテニス、意気のテニス、自分のテニスを創造、自己信頼に徹す、などがあげられている。

【弱み、短所】短気、平凡を好まない、余裕がない、表面は冷静沈着であるが胸中は熱火が燃えている、自分に囚われている、他人の言う事を聴かない、サーブ・ボレー・スマッシュの打ち方に難あり、など指摘されている。

太田芳郎も自分自身の強み・弱みは十分理解しているが、晩年になっても曲げようとしていない。それは、八十五歳の時に、茗渓テニスクラブ部誌『弥高《いやたか》』三十三号（1985年）に寄稿した、彼自身の次の言葉に表れている。

「何事でも、一つの難事を達成するには、不屈の『信念』が無ければならぬ。その信念は簡単な妥協を許すものであってはならぬ。そのため、とかく他と相容れず、意見の対立が生じるかもしれぬ。私は、テニスの技術的なことについても、教育者としての職場においても、自分が正しいと思う意見は曲げなかった。この妥協を許さぬことは我流を曲げず、頑固から頑冥になり、蔭で憎まれたこともあるだろう」

第四章　海外に雄飛

一、大連赴任と全日本優勝

太田が初めて満州という広大な別天地を知ったのは、東京高師本科一年（1922）の夏だった。南満州鉄道株式会社（満鉄）という国策会社が、日露戦争後、本国の何十倍もある植民地の経営に当った。この新天地の草分けの教育は、茗渓テニス部の大先輩によって開拓されたものである。満州の教育体系を確立した茗渓テニス部先駆者のリーダー格は、母校の生徒監として庭球部発展のために尽くした内堀雄文である。本科一年の夏、全日本学生チームを率いて渡満した太田にとって、各地で大先輩の手厚い歓迎を受け、前途に大きな光明を見出した旅となった。

以前から「太田の才能」に期待をかけていた茗渓テニスの先輩達は、卒業後最初に赴任した東京府立中学の太田を見るにつけ、満州の地に招聘し、テニスと教職の二つの役割を、「思い切りさせてみる」ことを考え実践した。いよいよ1926年の春、満州の大連市立高等女学校に待望の赴任命令がでた。芳郎はまず授業をきちんと行うことに集中した。担当する科目は英語だけでなく、専門外の国語と歴史までも加わったため、準備に多くの時間を要さなければならなかった。

「大連の春は一年中で最もうるわしい季節となる。満開の桜が散る頃には、アカシアがやわらかに芽吹く。五月末になると、白いアカシアの花が街中に甘い匂いを漂わせる。さ

くらんぼ、すもも、苺が店先を彩る」（富永孝子著『大連・空白の六百日』新評論、より）

芳郎は雪国育ちだけに、そんな春の季節が好きだった。身も心も軽くなって、いよいよテニスシーズンの幕開けを感じた。しかし、満州では内地のように試合がたびたび開催されるわけでもなく、テニスの練習は限られていた。しかし、一人でも毎日縄跳び一千回と、校舎の煉瓦への壁打ちをやって体力をつけた。その甲斐あって早速成果が現れた。

大正十五年（1926）八月二十八日～九月六日、第五回全日本テニス選手権大会が開催された。シングルスエントリー百二十五人、会場は慶大、東京帝大、早大コート。一回戦対神代（関学）3―0〈6―3、6―2、6―1〉。二回戦対森本（関大）3―1〈7―5、6―3、5―7、6―0〉。三回戦対八木（早大）3―1〈7―9、8―6、7―5、6―1〉。四回戦対梅迫（慶大）3―2〈6―2、1―6、4―6、6―2、6―2〉、初めてフルセットにもつれる大接戦となった。五回戦（準々決勝）対鴨打（ポプラ）3―0〈6―1、6―2、6―3〉、準決勝対相沢（早大）3―0〈6―2、6―2、6―4〉、山場の準々決勝、準決勝を二戦ともストレートで難なく退けた。

いよいよ決勝戦。相手は関西で無敵を誇る三木龍喜、太田のライバルであり、のちにダブルスパートナーとなる。三木は1904年、香川県高松市の生まれ、大阪高商（現・大阪公立大）卒業後、安宅商会に入社。太田の4歳年下で、二人の逸話は数多くある。後年

（1934年）、ウィンブルドン大会のミクストダブルスにおいて日本人初の優勝を果たす。全日本では二年連続、俵積雄（東京帝大）の前に敗れており、今回は三年連続決勝に挑むことになる。九月六日、会場は早稲田大学コート。

以下に、全日本選手権大会『観戦日記』（筆者は日本庭球協会理事・鎌田芳雄）からの抜粋を記す。

いよいよ総決算の日だ。三木宿志を遂げるか太田に軍配揚るか。この日天気晴朗なれど蒸暑さ甚だし。全日本選手権決勝に臨むスタイルは、太田は例によって二本のラケットを小脇に抱えて、満州製か樺色縁取の日除けをかけ、連日の奮闘を物語る汚れたクレーム・ズボンの長身銅顔、試にラケットを見るとこれはまた張替えたばかりの太田のポピー・ガットがピンと鳴るゴールドスター。国産奨励家の大将にとちょっと不思議がると、今日は晴れの試合勝つも負けるもこの一戦あるを期した今度の遠征、後でラケットに罪を塗るの愚をしたくないためとのご宣託、なるほどの決意こそと感心した。一方三木はと見れば、仕立おろしか洗い立てか折り目正しい半麻白ズボン、白帽子真深にかぶった扮装《いでたち》には申し分ないテニスマンタイプ、時おり観覧席を振り向くかと見るとなるほど読めたり、巴里ジャンスタイルに流行日傘、側にはシトヤカナ和装の粋な上品姿が相並んで、無限の応援を無言で送っており、あるいは大阪、あるいは満州から来たのであろう、激励の電報が渡される。軽い手馴らしの一球一打にて、早くも場内を緊張さす銀鈴のようなプレーの宣告は、この場面に最もふさわしい感じがした。

　スタートを切った偵察戦は双方大事を取っての事か、将又《はたまた》策戦を読まんとするためか一向熱のないラリー、これじゃ長引くがの声が早くも聞える。次いでバックとバックの攻め合い丁度型を示してくれている様、時おり思いついたように三木がネット、プレーに出で得意のボレーで脅迫すると、太田もまたこの腕を見ろ怖くはないかとばかりに大砲を打込む、思うに三木は太田のバックに弱あり、あわよくばネットに出てフォアの強襲を封ぜんとの策に出たのであろう。太田もまた三木のトップスピンを避けなるべく、ネットに近づけまいとの考えではなかったか。何れも戦法ではあったが、上乗とはいえなかった。殊に、三木が太田のバックを攻めたのは一を知って二を知らぬのではあるまいか、太田のバックは峻烈な攻撃力はやや欠くも確実性においては比類稀である。ことにバックで試みるロビングは練磨の効《こう》空《むな》しからず、見事な武器となってコーナーに高く深く入る。第4セットにおいてこのロビングに脅かされて痛手を受けたのと、果断と言うも及ばぬ度胸で打った二発の巨弾に憐《あわ》れにも三木の宿志は粉砕された。その刹那、場内は歓声を上げるよりも先に、期せずしてウゥと唸った。

太田優勝の鍵、三木敗れた原因いかにという事の論評は別とする。傍にあった美醒画伯嘆じて曰く、あの度胸あの勇断こりゃ普通の人でないぞ、と針重老もいって曰く、太田は五年目に漸く大望を果たした。その堅忍不抜に比すれば、三木はまだ二年あるとまさに名言である。後輩森勝礼選手におめでとうと言うと、「有難いです私の負けた分迄償ってくれました。有難いです」と固く握る手に落つる一滴の涙。

スコア　太田〈6―2、6―4、2―6、6―4〉三木

初優勝が決まっても、太田は大きく喜ぶわけでもなく、優勝者に与えられる大きなニューヨークカップを当然の如く抱き、初めて日本国外（満州）に運び出した。

あるカメラマンが、全日本選手権の決勝会場で、日本庭球協会の針重敬喜理事に尋ねた。

「太田選手のどこを撮ったら一番いいでしょうか」

針重理事は言下に答えて言った。

「太田君の膽力《たんりょく》を撮りなさい」

「え？　膽力ですか。それは…」

「太田君のテニスはフォームとして見るべきものなく、技として特に賞賛すべきものはないが、敵をのむ気迫と、危機に際して動ぜざるの膽《きも》と、今こそと断ずれば猛然として撃破

止まざる圧倒力、これが太田君の真価である。多くのプレーヤーが漂々としてコート上を踊るが如き中にあって、太田君はただ一人で踏んでいるかのように、プレーしている。太田君の真価はそこにある。君にわかるか！」

「そうですか。カメラ越しに挑戦してみます」

「いいか、太田君に技術を与えた時、彼は日本のチャンピオンではなく、世界のチャンピオンになる時が来るであろう。黙々と彼はそこに精進していくことを信じて疑わない。そこを撮影してみろ」

全日本選手権優勝時
（出典：アサヒグラフ大正15年）

針重理事の気迫に、カメラマンは圧倒され、ただ苦笑して懸命に撮影した。

この年の全日本ランキングは、シングルスで太田が念願の一位に輝いた。全日本優勝の結果が奏功したのか、翌年、満州の関東州庁は太田の英国留学を命じた。その後四年間、世界各地で活動する機会を与えられた。しかし、すでに原田武一や鳥羽貞三が世界で活躍しているのに比べ、「自分は孤高のプレーヤー」と意識する。初めて経験する満州の冬は、新潟以上に寒かった。自分の置かれているテニス界での立場も、皆からの評価も厳しく、「氷るほど冷たい」との思いは強い。芳郎は日記に自分の心情をしたためた。

＊　＊　＊　＊　＊

野も山も氷っている。池や川には三尺の厚さの氷が張りつめている。それを切り出して冷蔵庫の中に運び入れるために、朝から晩まで苦力（クリー）の群れが長い鋸を振り回したり、鉄の棒を打ち込んだりしてせっせと働いている。切り取られた氷の美しさ。一列に並んで穴をあける苦力。彼らは休まず、うまず、コツコツと槌を振り上げ振り下ろしている。曠野を渡る風も生きんがためには避けられぬ。思えばテニスもあの苦力達のように固く氷った池の表面に穴を開ける働きじゃないだろうか。私は脇目もふらず自分の穴ばかり掘り続けてきた。唯一つの穴に向って懸命に掘り続けてきた。近くを見返れば、ある人は三つも四つもの穴を掘っている。どれもこれも大きな穴だ。

それだのに自分ばかりがただ一つ。サービスにスマッシュ、ボレーにバックその側に掘らねばならぬ数々の穴がある。みんなが、この一つの穴を見て笑っているようだ。まあ覗いてみてくれ給え。我流であけた穴だけに、入口なんかは実に汚いがかなり深いよ。

水も出るよ。浅く幾つ掘ったって、結局駄目じゃないかね。他人の掘った穴にたまげ、理論の研究とか何とか言って、他人の穴の回りをウロウロ回っているうちに、人生の日が暮れる。日が暮れちゃ槌は振れまい。とにかく、一つの穴を掘るんだ、自分の甲羅にふさわしい穴を。自分にふさわしい一つの穴の方が、どんなに安全な隠れ家だか分からぬ。氷打つ苦力の槌のひびき、馬も声なく、人も語らず。夕日赤々曠野に映える野末に立ちて「支那笛」吹けば、悲しき調べは枯草に泣き入り、レール冷たし満州の曠野よ。

＊　＊　＊　＊

茗渓テニスクラブの先輩の中でも、満州時代に特別世話になったのが、岡部平太（大正五年卒）だ。岡部は庭球部の大先輩であるが、柔道・剣道・角力、また、将棋等の高段者でもあり、その段数を全部合わせると二十段に近かった。後年はマラソン研究にエチオピアまで出かけて、ボストンマラソンの田中選手はじめ世界的選手を作り上げ、また水泳も細かい研究を続け、論文を出し医学博士の肩書をもつ。大正時代に科学的トレーニングを導入し、「近代スポーツの祖」と言われた人物である。太田は岡部等に招かれて大連に渡り、その世話で関東州庁留学生としてロンドンに行き、四年間デ杯の試合に出場することが出来たと思っている。いわば一生の恩人である。大連に渡ってから一年の間、岡部はいつもコートに来て、あれこれとアドバイスをしたが、そのどれもこれも実に急所を突いた適切なもので、強い練習相手のいない大連から全日本選手権に出て、決勝まで四セットを失うだけで勝ったのも、氏のコーチに負うところが大きい。また、太田は三十歳まで酒は呑まなかったが、この方面で腕を上げたのも岡部のコーチがある。二人でぶらりと夜の街へ出ると、目に入った呑屋ならどんな汚い店でもスイと入り、三十本もの空銚子を一列に前に並べて悦んだこともある。こんな時はいつでも、「太田払っておけ」の一言でブラリと出ておわり、財布を持っていたことがない。満州のテニス界は、内地の大学や一流チームを招いて対戦しても負けたことがなかった。テニスばかりでなく、岡部によってコーチされた陸上競技、ラグビーも、野球と共にスポーツの花は絢爛として開いたのだ。太田は述懐する。「私の人生は、岡部さんのために大きく方向づけられてきた。ずいぶんお世話にもなったが、私達一家も岡部さんのためには随分尽くした」。

昭和二年（１９２７）五月二十四日午前八時十分、大連を立つ日がやってきた。しかし、どうも、岡部平太は寝坊したようだ。

「しまった。今日は太田がシベリア鉄道でロンドンに旅立つ日だ。大連駅の発車まで後十二分しかない」

もちろん顔など洗ってる暇はない。靴も突っかけたまま、マアチャ（馬車）を引っぱたくようにして停車場にかけつけ、群衆をかきわけて長春行きの急行に飛び込む。

「太田、オオタ…はどこにおる」

「太田は今、列車の最後部にある展望車の末端で、杉野大連市長と握手しているぞ」

「新聞社の写真班が押しかけて、写真を撮っているな」。誰かが教えてくれた。

　大連駅には満鉄庭球部の仲間や、千人余りもの女学生の大群が押し寄せている。そこへひげ面で寝起きの顔を出すと「ドーッ」と笑声が湧く。どうも自分が笑われたことだけは確からしい、と岡部は思い、性来内気なので恥ずかしくなって展望車に引っ込んでいるが、太田はなかなかやってこない。そのうち、汽車はゴトゴトと走りだした。大連を離れると眼もさめるばかりの晩春、初夏の郊外が素晴らしい。雲は遠く退き赫とアカシアの南満の荒野が馬鹿に廣い。ドロヤナギの白い花が雪のように列車の窓を打つ。見送られているのは「春の人太田」であるが、まだ現れない。岡部は展望車のソファの沈み込むような乗り心地に満足し、気が大きくなった。

「ままよ、汽車はパスだし、その辺りまで行ってやれ」

　そこに、テニス仲間である安部がやってきた。

「おお、岡部君。俺はハルピンまで行くところだ。君はどこまで行く」

「どこまでということはないが、しばらく同行するよ」

　漸く太田芳郎本人がやってきた。

「岡部さん、安部さん、ここに居られたのですか。沢山の方の見送りがあり、やっと自分の席に戻ることができました」

「太田、ガットは沢山用意しているか」

「和製のガットを二十張は持っています」

「シベリア鉄道の間の食料はあるか」

「はい、あのボール箱いっぱいに持ってきています」

「よし、じゃ食堂車に行ってビールを飲みながら話そうか」

「分かりました。一緒に行きましょう」

「外国に行ってからの注意事項を話すから、いいか、よく聞けよ」

そんな話をしている間に鞍山駅に着いた。駅には熊沢先輩が教え子の一隊を引き連れ、手に手に日の丸の小旗を振って駅頭に並び、太田選手を見送りに来ていた。鞍山駅からは、テニス部の赤沢先輩、熊沢先輩も一緒に乗込み、奉天まで同乗した。

奉天駅まで来た、いよいよお別れだ。

「太田、ヨーロッパの連中に負けんなよ。全部やっつけてこい」

展望車の端に立った太田は「やっつけてきます」と言い放って、手を挙げた。

岡部、赤沢、熊沢ら諸先輩はホームに残り、ただわけもなく「ワァーッ」と叫んだ。

二、英国留学

シベリア鉄道の乗客になった太田は、五月二十六日、四時半ごろに窓を開けると、自然の美しさが飛び込んできた。細い白樺の林が神々しいほどの朝の光の中に続いている！今、山の地肌が桃色のツツジで一面に彩られた興安嶺山脈中を走っているのだ。「かなり来たなあ」と旅愁がこみあげてくる。中国とロシアとの国境であるマンジュリヤに着いた。怖い顔の税関官吏が並ぶが一番優しそうな人を選んで検査を受ける。予想していたよりたいしたことなく簡単に通れた。ここからストロップツイ（ポーランド）までは同じワゴンリの箱で行ける。十日ばかりの自分の室だと思い花を飾り、本を並べ、缶詰の箱を出して、かなりゆっくりした心持ちで収まることができた。シベリアと言えば無人の高原で草またはび砂の殺風景きわまる荒野ばかりと思っていたが、山あり丘あり丘の陰には寺院の尖塔が見え、白樺の林の端には美しき水をたたえた湖が横たわり、緑の草原には数百の牛群が遊んで、日本ではとても味わえぬ雄大な眺めばかりだ。

次第に時間の観念が無くなる。駐車場には時計が二つかけてあり、その時差が最大六時間もある。モスクワタイムと地方タイムとがあるのだ。毎日三十分ぐらいずつ地方時が遅れて、モスクワに着き初めて一致した時計となる。風呂がないから一日ごとに汚くなって、オーデコロンで拭くが、悪臭を放ちながら、長い汽車に別れを告げたのが十三日目。頭髪も伸び、眼も引っ込んだから、本物のクマのようになった。モスクワからポーランド、ドイツ、オランダを経て、六月初旬、ノソリと英国ロンドンのヴィクトリヤステイションの真ん中に降り立った。

原田武一はアメリカから大西洋を渡って合流した。満州では五月からしかテニスはできない。スケートが終る二月の半ばから四月の終わりまでは、スポーツの方はブランクだ。太田は到着後七日目、少しも体を慣らしていないのに、ロンドンに着いてから急にやりだしたので関節という関節が皆痛い。だが、「マッチに勝る練習なし」と心得ている彼は、同じく練習不足で困っている原田と共に、ウィンブルドンの前哨戦「オールロンドン選手権大会」に出場することにした。クィーンズクラブで開催されるこの大会は、シングルス八十数名、ダブルス六十数組が出場する。「こちらではダブルスは皆巧いから、シングルスで稼ごうではないか」。何しろ、草のコートなど見たことがないうえに、大連の冬は寒くて、半年近くテニスが出来なかった。しかし、そのブランクがかえってテニスに対する情熱を燃やし、初めての草のコートの珍しさもあったのか、本人も驚くほど調子が良い。緒戦から英国のデ杯選手レスターというケンブリッジ大出の人気選手に勝ったので、すでに世界的声価を得ている原田と並んで、漫画入りで大きく書きたてられた。「それならウィンブルドン恐れるに足らず」と気を強くし、「この分ではいけるぞ」と思ったのが裏目に出て、準々決勝（五回戦）でカーヌル・メイズという、老巧な選手に粘られてあっさりと負けた。この選手はチョップの短いボールで粘ることでは英国一の選手。翌日、原田選手も準決勝で同じメイズに、セットオールで4―3とリードして勝負見えたと思ったところで、クルリと逆転され負けてしまった。「仕方がないからダブルスで稼ごう」と二人が初めて組んで、ポンポンやっているうちに順調に勝ち、ファイナル（決勝）まで一セットも取られず優勝した。ファイナルはワリス・マイヤーというテニス界では有名な評論家（昔は大選手）の組。ボレーは実に巧かったが、原田の活躍で難なく勝ち、先ずは幸先よく優勝賞品をもらって引き上げた。

ウィンブルドンはロンドンの中心から南西の方向に、列車で約三十分の郊外にあり、大きな楡やオークが鬱蒼と茂る中に、公園やゴルフ場、古い邸宅が点在した静かな住宅地である。小高い丘の上には教会が高くそびえている。教会の脇を主要道のチャーチ・ロードが北に向かって伸び、サマーセット・ロードとの分岐点から一望すると、右側にはウィンブルドンパークゴルフクラブが広がり、左手には広大なウィンブルドンテニスクラブが望める。チャーチ・ロードをそのまま進むと、間もなくウィンブルドンの正門にたどり着く。「ウィンブルドン」なんと心躍る響き！　テニスの聖地、テニスプレーヤーあこがれの地。

正式な名称は、The All England Lawn Tennis and Croquet Club

住所は、Church Road, Wimbledon, SW19 5AE

クラブの設立は１８６８年と古く、大会としての The Lawn Tennis Championships は、１８７７年から始まった。センターコートは一万五千人の観衆を入れ得るギャラリーをもった、すり鉢の底のようなところにあるグラスコートで、有名な選手のマッチでなければここで試合させてもらえない。№１コートも大きなスタンドの中にあり、№２、№３は片側だけにスタンドをもっている。グラスコートは十四面ぐらいある。その他にクレーコートもあるから合計二十面ぐらいとなる（現在は屋根が付くなど、主要コートを含め大幅な改装が行われた）。コートとコートの間は緑の生け垣をもって仕切りが付いており、芝は絨毯のように細かく、空気は静かで、すべてにおいて理想的なテニス場である。

センターコートの入口には、ラドヤード・キプリングの詩が書かれている。

If you can meet with Triumph and Disaster, and treat those two impostors just the same,『もしあなたが勝利と敗北という、二つの（厄介な）出来事に出会っても、全く変わらない態度でこれを迎えることができたなら』日本語ではこのように訳すことができる。幅二mほどのロイヤルオーク材であろうか、美しいボードだ。すべての選手がこの詩を詠んで試合に臨む。この詩のテーマは「勇気」ではないか！

オープニングマッチを待つセンターコート（撮影2009年）

ボードの下を抜け細い通路を進むと、白い光が射してくる。導かれるように、光の中に入っていくと、そこには陽射しあふれるスタンドと緑のコートが広がっている。

『ウィンブルドン選手権大会』

昭和二年（１９２７）六月二十日、開幕。センターコートはこの大会以外は全く使われずに手入れがされており、初日といえば、一面ビロードのような芝生である。

◇第一試合のオープニングマッチは、王者チルデン選手が飾った。

◇第二試合が原田武一対フランスの新進ランドリー選手。

第一セット第一ゲームを原田ラブゲームで失ったが、第二ゲームを同じくラブゲームで奪い返す。一進一退のマッチとなり、原田が火の出るようなフォアハンドを送ればランドリーは水も漏らさぬ守備ぶりを示して、最初から激しい白熱戦となったが、ゲーム4―4の後、原田調子よく二ゲームを収めて第一セットを取る。第二セットも同じ戦法で攻める。原田が常に攻勢に出てランドリーを走らせたが、よく守られて得点できず、3―3から5―3とリードされ、6―4にて第二セットを落とし、1セットオールとなった。このセットは、原田の数個のダブルフォルトがかなり禍していた。第三セット、ランドリー6―1、第四セット、エースにつぐエースをもって6―1にて原田が追い付く。ファイナルセットは再び混戦となったが、5―3のとき、0―40（ラブ―フォーティ）でランドリーにトリプルのマッチポイントがきた。太田は最後のボールを見ることが出来なかった。遂に6―3で原田選手敗退。これは大番狂わせとして大きく報じられた。

◇第三試合太田芳郎対ハンター選手（米国）

センターコート最後のマッチは、米国ナンバー2のハンター選手との試合が組まれた。「センターコートだ！　夢にまで見た念願のセンターコートだ。今、緑の芝生の真ん中に立っている。選手として戦うために芝生の上にしっかりと立っているのだ」、そう思うと太田は身体が震えた。「あそこがロイヤルボックスか、英国王室が観戦に来る席だ、濃い緑と紫のウインブルドンカラーで威厳がある」。コートとスタンドが非常に近く感じた。

試合前、ボクサーのような相手が大きな手を差し出して「アヤマッタ」と言う。太田もしかたなく「アヤマッタ」と返事をしたが、なんとこれがよく呼吸のあった挨拶となった。彼はI'm Hunter「アイムハンター」、太田はI'm Ohta「アイムオータ」と言ったのだが…

ウィンブルドン本戦の第一回戦、太田の試合がセンターコートとなったのは、相手がチルデンのパートナーで米国第二位のハンター選手であったからだ。ハンターはがっしりとした体形で、そのフォアハンドの剛球と、ファイティングスピリッツは天下一と言われている。ラケットのスイングは早く、力が強いからパーンとねらい打ちが出来る。太田はとんだ相手を引き当てたものと悲観した。なぜかと言うと、太田にとって一番の苦手は自分と同じテニスをする人にあった。ハンターとフォアで打ち合おうと思ったが、少しは自信もあるものの、太田にはコートに慣れていない不利がある。ハンターは、サービスは強くはないが正確だ。ネット・プレーはあまりやらない。だから彼に対してはバックハンドを突いて、突いて、気をくさらせるまで打ち合うより外にない。この戦法の予定でコートに立ったが、彼のバックは非常に正確でしかも太田の嫌いなカットである。クレーコート上のカットは好むところで、真っ直ぐにバウンドしたところを打ち込めるが、センターコートのグラスはバウンドが低い。これではだめだと思って、ハンターのフォアに打ち込んで失策を待つ戦法に出た。多くの選手は自分の得意なところで失策するものであるから、そこを狙ったが、これがそもそもの間違いだった。この日の彼の当りの凄さは、「先年ここでファイナルまで残った時の彼を偲ばせた」と翌日の新聞が書いたが、一つのエラーもなく狙い打ちの巧妙さがあった。第1セット6―1でハンターがとり、太田手も足も出ず。第2セットは4―4までこぎつけてようやく調子を戻したと思い、何とかなりそうだとそのまま続けたが6―4にて再び失う。第3セット、今度は彼に一歩を先んじて、太田からフォアの剛球をあびせかけた。これは功を奏して3―0でリードし、この分ならこの辺からひっくり返して勝てるのではないかと、先のことを考えて少し調子を変えたのが誤りだった。6ゲームを続けざまにとられて、ストレートの惨敗を喫した。結局、この試合は太田が本当に「アヤマッタ」ことになった。

太田芳郎は確かにハンターに負けた。完全に負けた。フォアで打ち合って敵わず。ハンターはバックでは苦手な低いボールを返し、サービスは正確。負けん気もハンターの方が一段強いように見える。それならこの後、彼のような選手に当たった時、如何にすべきか？　手を拱いてすごすご降りることもできない。やはり最初の考え通り、「徹頭徹尾バックに打ち込んで、気をくさらせるまで打ち合うより外に道はなさそうだ。そして、気をくさらせてからフォアを攻めるのがよいだろう」と、反省しきりだった。

とにかく、「グラスコートに慣れることが何より肝心だ。次はアメリカで大いに暴れてやろう」太田は胸に誓った。

ウィンブルドンの劇的感懐いまだ冷めやらぬ七月、太田はラケットサックをぶらさげ、大西洋の波上ホテル、五万六千トンの豪華船『マジェスティック号』のデッキに立っていた。この船は、第一次世界大戦の前に、金にあかせてデザインされたドイツの誇りの船であったが、英国に引き渡されたものだそうだ。百mもあるデッキには、磨かれた遊歩道や運動場があり、水泳プールや体育館まで設備され、専属の教師がいて、利用者の世話や指導にあたっている。装飾を凝らした大食堂は、高級ホテルにもこれほどのものはあまりない。食事もあらかじめ注文しておくと好みの料理を作ってくれるし、中国、日本の特別料理でも自由に求められる。夕食の前になると、男子は皆、燕尾服かタキシードの白カラー、黒づくめの正装に髪をきれいに飾り、女性は胸もあらわのドレスに珠玉の粉飾をこらし、物静かなドラの合図で静々と食堂にはいって行くと、シャンデリアの光を縫って音楽のメロディが甘く流れてくる。このようなぜいたくな食堂があるにもかかわらず、まだ別室には有料のレストランがあって、カネに糸目をつけない百万長者たちの中にはわざわざこの方に回るものもある。太田は一等船客の一人であったが、同じ一等でも船室によって船賃が違っていて、三百ドルから特別室は千ドルを超えているという。もちろん、最低料金の三百ドルの部屋に収まったので、部屋の位置も水面に近く外光がとれず、上甲板に出るにはエレベーターを利用せねばならなかった。三百ドルといえば、当時、一介の書生に過ぎなかった太田芳郎には大した散財であったが、見聞を広めるために金を使って世界を回る以上、これも投資の一つと思って一等室に収まったのだ。後年になって振り返っても、良いことだったと思った。キャビンは暗くても一等船客のための設備は遠慮なく利用できる。デッキゴルフに、甲板テニスに、プールに、図書館に、または映画や模擬競馬やダンスの見物に、夜も昼も歓楽の限りを尽くして六日間の海上生活を過ごした。この後、大西洋をわたること五回、ある時はベレンガリアに、またモーリタニアに、又ある時は学生たちに歓迎されるワンクラスボートのミネソタ、ミネトンカ等にも乗った。

ある時のワンクラスボートで、上野一郎というアメリカ周りの日本サーカス団と乗り合わせたが、この人たちは皆日本を知らず、日本語もできない。

「上野サーカス団はこれからアメリカ大陸を巡業するのですか」

「そうです。あなたは日本人ですか。何をしにアメリカに行くのですか？」

「私はテニスの選手です。アメリカで試合があるのですよ」

「私たちは毎日デッキでいろいろの曲芸の練習をしているのですが、他の外国人はデッキで縄跳びをトレーニングしているあなたも、サーカスの一員だと思っていますよ」

「そうなんです。私にもいろいろの技を求められるのには閉口しているのです」

この船は足が遅くて、ニューヨークまで十日もかかったが、そのあいだに、サーカスの日本人たちは船客の人気を集め、最後の別れの晩さん会にはサーカスの人たちはそれぞれの奥の手を披露に及び、やんやの喝さいを受けた。芳郎もサーカスの偽一員なので、何度もステージに出されて、佐渡おけさや米山甚句をうなり、意味を英語で説明させられた。アンコール・アンコールだったところを見ると、まんざらでもなかったらしいが、「ジャパニーズソングは呼吸が長いね」、「アー、ウーというのはどんな意味だ」等と、後日聞かれ説明に困った。

1927年、太田芳郎はアメリカに渡り、初めてデビス・カップ（デ杯）に出場した。この時のデ杯チームは、監督（兼キャプテン）清水善造、選手はシングルス（単）＝原田武一、太田芳郎、ダブルス（複）＝原田武一・鳥羽貞三、補欠＝三木龍喜、安部民雄であった。学生時代から鎬を削って戦ったライバルであるが、外地では日本人としての団結が固く、その友情は一生変りなく続いた。

三、家族同伴の生活

太田の海外生活一年目（1927）は何の自主計画もなく、与えられたスケジュールの上を、もの珍しさと不安な心境のまま地球を一回りしたにすぎなかった。当時の日本は欧米から遠く離れて孤立し、外国選手の来征もなく、テレビで見ることもなく、わずかに新聞記事を読んで世界の情勢を想像するだけであった。しかし、世界のテニス界を目の当たりに見、自分の地位をおぼろげながら想像することが出来たことは大きな収穫であった。

この体験から芳郎が一番痛切に感じたのは何であったか。当時はテニス留学もテニスツアーもなく、選手は先にも述べた通り外地滞在者であった。鳥羽は三井物産、三木は安宅商会の外地滞在者であり、原田はハーバード大学特別科でジャーナリズム、安部はドイツ哲学で共に私費留学生、太田は英文学の官費留学生と、全員がテニスのほかに仕事・勉学を持っていた。この「チェンジ・オブ・マインド（心機転換）」のあることは、テニス三昧の生活と比べて、日本人的生活にどう影響するか、考えざるを得なかった。（後年、佐藤次郎選手は遠征途中マラッカ海峡で投身自殺したという例がある）太田はあれこれ考えた末、外地で長期滞在するには、それに適応した生活環境を確立し、それによって精神の安定を得て、目的の事業に立ち向かうことであると結論した。そして、翌年は家族ぐるみロンドンに移住する決心を固め、単身で住む場合と家族で自炊する場合の経費等も研究し、太平洋二週間の船旅を経て、ひとまず帰国、万端の準備を整えながら春を待った。

昭和三年（１９２８）、渡欧二年目の春が来た。前年の経験により十分な準備を整え、家族三人（芳郎、妻文子、長女瑞枝）は大連の家を閉じ、三年間は戻らぬ旅に出発した。芳郎にとっては二度目のシベリア横断列車となる。バイカル湖の岸を終日走り、レナ、エニセイ、オビなど地理で学んだ大きな川を渡り、ウラル山脈を越えてヨーロッパに入る旅は、一夜でロンドンのヒースロー空港に着く今では、考えられぬ旅愁がある。ロンドンでは庭球協会在外理事の宮内俊二郎氏が出迎えてくれ、郊外のアイズルワス村に居を構えた。しかし芳郎は二週間もたたぬうちに、デ杯アメリカゾーン参戦のため、豪華船ベレンガリア号の一等室に納まって、二カ月の旅に出発した。行く先はキューバ。梅も桜も咲かぬ大連から、シベリアの広野を渡り、不安げな家族をロンドンに残し、大西洋を越えてニューヨークに着くと、ブロードウエーには雪がちらついていた。ここから、フロリダ半島をバナナスペシャルという豪華な列車で南下した。四月半ばにロンドンを出発して、常夏のキューバ、寒いカナダ、にぎやかなシカゴと南船北馬。ロンドンの新居に帰ったのは六月の半ばであった。

㈠アイズルワス村

アイズルワスはロンドンの西部ハウンズロー・ロンドン特別区内に位置する。

この村は十八世紀には大部分は果樹園であったが、十九世紀になると青果栽培圏となり、貴族や上流階級向の邸宅が立ち並んだ。二十世紀前半はホワイトカラー階級が台頭し、都

アイズルワス村のテニスクラブに招かれて
家族と安部選手（写真：『世界テニス行脚ロマンの旅』より）

市化が進んでいた。この村のテニスクラブには一面のテニスコートがあった。クレーコートの周囲にネットが張られているが、スタンドは無く、芝生に腰を下ろしゆったりと観戦できた。人間はどうにもならない環境に置かれると、窮すれば通ずと言える。留守宅ではショッピング、食事などの不自由も何とか乗り越えたようであった。ただ驚いたのは、孤独な子供のお守りと家内のお手伝いに雇ったドラ・ソーンダスという中年娘のアクセントが、カクニーイングリッシュ（下町訛）でこれは大変、ドラ嬢の英語矯正教育を始めた。芳郎が東京高師英文科在学中の外人教授は全て英国人で、いわゆるキングズイングリッシュ（ＫＥ）を教え込まれ、アメリカンアクセントは嫌われた。下町の人々の発音は、アイルランドやオーストラリア人などと共に、ＫＥとは違うものが多い。また、英国の幼児教育の実態を知りたい下心もあり、娘の瑞枝を幼稚園に通わせることにした。託したのはフランス婦人の経営するワインダムスクールという小さな塾であったが、一クラス二十人ぐらいなのに、二人の女教師が付き、至れり尽くせりの世話をしていた。初めて登校した時は、校長先生自ら生徒たちに紹介し、皆で手をつないで歓迎の歌を歌った。環境順応に早い子供は、しばらくすると家に帰っても日本語を使わなくなった。間もなく二番目の子供が生まれたが、この子は日英二重国籍者となり、長女はミスィ（瑞枝）、次女はドリー（美都里）の愛称で呼ばれた。後年、大連に帰った時、二人とも日本語がわからず、長女は小学校入学を一年遅らせる事態となった。いろいろの困難もあったが、日毎に外国生活に慣れて、落ち着きができたのは、勉学や選手生活にとってありがたいことであった。

留学中の関東州庁からの給与は、日本にいるころの約二倍半、二百五十円から三百五十円。英国滞在最後の年（１９３０年）には、新聞『イブニング・スタンダード』紙に週一回の連載で、一回五ポンドの臨時収入もあった。メーカーのスラセンジャーからは、ほぼ一週間単位で試合の行く先々に最上のラケット三本を送られていた。ラケットの消耗は激しく、一試合で二本もガットの切れてしまうこともあるほどだった。

㈡フレッド・ペリー選手との出会い

太田芳郎は文筆家としても名高い。数々のエッセー等が小・中学校の教科書に採用された。

「ペリーとぼく」より（『新国語六年生上』、角川書店発行）

ロンドンといえば、一年じゅう深いきりに閉ざされていると思っている人もあるだろうが、それは冬の間だけである。三月ともなれば、やわらかな春の光が、冬ごもりで視力の弱くなった北国人をいたわるように、一日ごとに静かに輝きを増してくる。そうして、その春の光を確かめるように、こう外の畑や、牧場のかたすみの冷えた地表からは、うすべに色のルバーブの芽がのぞき始め、地上に春が来たと知ると、急速度に成長する。新開こん地のリンゴ畑や、すんだ水がゆるやかに流れる小川のつつみをそぞろ歩きしていると、どこからともなく、なつかしい季節のかおりがしてくるのだ。明るい無数のすいせんの花が、生き物のように首をかしげ、からだをゆすぶる、春の美しい村アイズルワスに、ぼくの住まいがあった。ロンドンから、汽車に乗って三十分の所である。

この村とウォータールー駅の中間に、ドライブ・クラブというテニスクラブがあった。ルバーブの芽がまだ伸びきらない肌寒いある日、日本のデ杯選手の肩書を持ち、その前年から英国のテニス界にも少しは知られたぼくが、この名もない田舎クラブで催されるトーナメントに出ることになった。予定された時間にコートに着くと、十七、八歳の、そまつなユニフォームを着た少年が、明るい顔でぼくをむかえた。

「ミスター太田、きょうお相手の光栄をもたせていただきます」

ていねいにあいさつしてさしのべたかれの手の力は、意外に強かった。

かれは付け加えた。

「ぼくは今までに、ピンポンの英国代表チームに加わって、オーストラリアに遠せいしたこともありますが、ピンポンは場面が小さくておもしろくないから、テニスに転向したいと思っています。うまくなれそうかどうか、見てくれませんか」

どこの国でも同じような英ゆうすう拝的な子供らしいあこがれで、この少年も、じっとぼくを見つめるのであった。親しくしていた村の駅長兼改さつ係がクラブの世話人だったので、その顔をたててやるつもりだったのである。

行ってみると、みすぼらしいクラブの建物の前に、三、四面のコートがさむざむとならんでいた。出場者も、一流選手としては、英国デ杯ダブルス代表になったヒューズぐらいのもので、ぼくはやすやすとゆう勝した。その準決勝のときだった。えりのよごれたシャツに、せんたくやけのした長ズボンをはき、ラケットも一本しか持っていない。

「ぼくは今、ある店に勤めています。金がないから就学を思いとどまって働くことにし、ピンポンの練習をしていました」

「テニスのトーナメントは初めてかね」

「はい、ラケットも一本しかありません」

かれは、張りのいいぼくのラケットを取り上げて、えんりょがちに、ガットをはじいてみた。その日の試合は、印象に残るほどでもなく、かん単にぼくの勝利に終った。ぼくは、貧しくて熱心なかれのために、お茶をごちそうしてやった。少年の名はペリーといった。あくる日、ヒューズとの決勝戦にも、ペリー少年は見物に来たので、試合がすんでから、暗くなるまで、練習の相手をしてやった。

「ぼくは休みが取れないから、トーナメントにも当分出られないけれど、またいつか、ミスター太田の出られる所に行きますよ」

強くはないが、一つ一つの打球に、どことなくかんのよさがあり、少し教えれば、相当な選手になるのではないかと思われた。

英国の冬はきりの中にうずもれる。日本ならば、秋晴れにきくの花がにおうころから、この国では、どこからともなく、こいきりがふき寄せてきて、道をはい、立木を包み、大ロンドンをちち色のぬまの底に沈めてしまう。どんなにゆううつなことだろうと思うのはまちがいで、長い二階造りのバスが、ぼんやりときりの中に続いているがい路や、セントポール寺院をはじめ、とうや建物の屋根が、ゆめのようにうき出してはまた消える風景など、わすれがたいロンドンの冬の印象である。

冬のテニスは屋内コートの電燈の下に展開する。有名な大学のあるダリジ屋内コートには、毎夜多くの日本人が来ていて、その中にペリー少年もまじるようになった。ぼくは、かれが来るたびに、その相手になって、かなりの時間練習してやった。かれは、おどろくほど上達した。また、それが認められて、テニスをやる時間にもめぐまれてきたらしい。負けん気のかれはそこで、国内で不敗のぼくを目ざして、根気よく追いまわしてきた。その後、二年の間に行われた試合で、四度もぼくにいどんできたが、そのたびにぐんぐんうまくなってきた。そして、敗れるたびに、「こんどこそ」と言った。しかし、その「こんどこそ」はなかなか来そうもなかった。[後略…序章に関連している]

ウィンブルドン第一コートでのプレー
（写真：『世界テニス行脚ロマンの旅』より）

英国は北方領土より遥か北の緯度に位置するので、夏はいつまでも明るく、冬は早々と暗くなりテニスのシーズンではない。日曜日は安息日で試合は行わない。春が来ると伝統を誇るサービトン、ロウハンプトン、クィーンズ、ウィンブルドンなど、次々に盛大なトーナメントが行われ、太田芳郎はどこに行っても特別待遇され、試合時間なども太田の都合で決めてくれたので、テニス以外の時間も十分とれた。日本からの留学生は自由の利くロンドン大学で聴講するものが多く、芳郎もこれに従いオリエンタルクラスという、東洋からの学生に英語の基礎教育をするクラスに入った。クラスでのヒアリングは芳郎が一番早くでき、しかもノーミスは当り前。講師には褒められ、仲間からは「日本の太田は偉い」と奉られた。そして、インドからのケンブリッジ大学留学生のクロコダイルクラブに、特別ゲストとして招かれた。テニスで英国を圧している芳郎は「同じ東洋人の誇り」とのことであった。

海軍軍縮会議が日英米の間で行われたのもこの頃。日本からは若槻総理が全権大使、山本五十六司令官などを伴なって来英し、芳郎ら日本人はビクトリア駅に出迎えた。冬のことでその日は特に霧が深く、全権大使の顔も見えなかったが、遠い異国にいると嬉しく、日の丸の小旗を振った。新聞にはThree naval powersとかFive powers in the world（世界五大強国＝日英米仏伊）などと、大きな見出しで書きたて、在留日本人も胸を張って街を歩いた。

四、連続優勝

英国のトーナメントは月曜日に始まり、土曜日に終り、日曜日にテニスはしない。渡英二年目の秋頃から無敵となり、屋外コートでは十三週間連続優勝、七十八連勝と続きデ杯参加でアメリカへ渡るためストップした。英国の新聞も太田芳郎の連勝が誰によっていつ破られるか大変な興味を持って書きたてたが、十四週目にフランスの四銃士の一人ブルニョンにセットオールで敗れた。しかし、連勝には在留日本人も大変喜んで、佐分利駐英日本大使主催で大祝勝会が開催された。

昭和四年（1929）になると、ロンドン郊外の狭い部屋の中はカップでいっぱいとなり、「勝ってもよいからカップは持って来ないように」と妻文子から断られた。南英選手権のカップは、中に三歳の長女が入って遊ぶくらい大きなものだ。「カップハンター」、「東洋のスフィンクス」の異名をとり、"Ohta's long run still unbroken"の見出しで報道された。

◇ヒンデンブルグ大統領盃（ドイツ　フォルツハイム）
ドイツ大統領ヒンデンブルグ金カップ争奪戦が、南独フォルツハイムで開催された。その時の決勝はドイツの名選手フロイツハイム。接戦の後マッチポイントが来た。太田のファーストサービスはセンターラインをかすめエースとなった。ところが、アンパイアは「フォールト」と宣言。怒った太田はヤブレカブレに、セカンドサービスをもっと強くたたき込んだ。これは明らかにエース。そこでアンパイアを睨みつけ「これもフォールト？」と見えを切った。こうして金カップを収め、スペインのマイヤーと組みダブルスも優勝した。

◇全スイス選手権大会（スイス　ジュネーブ）
ドイツの後、レマン湖畔のジュネーブで行われた全スイス選手権に出場。前触れもない参加なので、ニュースにもならず、在留日本人は誰も知らなかったが、一日一日と勝ち進むにつれて新聞にも名前が出たので、日毎に応援する日本人の数も増えてきた。決勝戦の相手はデンマークのデ杯選手ウォルムス。時の駐在大使杉村陽太郎の耳にも入った。杉村大使は学生時代東大ボート部の重鎮だったので、スポーツには特に関心深く、「孤軍奮闘の太田というのが勝ち進んでいるようだが、僕が見に行くと太田が固くなって負けると困る」との配慮で、テニス経験のある大使館員をコートに行かせ、試合の進行を電話で随時伝えることになった。太田はこれを聞いて、大使の心遣いに心を打たれながら館員に「閣下に、太田は絶対に負けません。デンマークのナンバーワン何程のことやある。ヨーロッパで私に対抗する選手は三・四人しかいないのですから、必ず勝ちます」と、大ボラを吹いた。応援者の一人もいない外国の地で戦うことは心細いものではあるが、太田にはホラを吹くだけの自信があった。

決勝はスイスとしては猛暑の日で、北欧デンマークから南下したウォルムスは何度もバックネットにつかまって息を吹いていたが、南独から北上した太田は、悠々と彼を走らせ、6—1、6—0で勝った。その夜は、大使館で盛大な祝勝会が開かれた。

◇ルツェルン大会（スイス　ルツェルン）

全スイス選手権のあと、ルツェルンの大会でも優勝を飾った。

その時思わぬ出来事に遭遇した。大会中の或る日ロッカールームでシャワーを浴びていると、上品な一青年が裸で話しかけてきた。「ぜひ私の家に来て日本やテニスのことを聞かせてくれ」。有名人の太田にはこのようなことは時々あったが、全く知らない人でもあるので、丁寧に断っていると、背中を突っつくものがいた。「ミスター太田、行った方がいい。あれは偉い人だ」と小声でささやく。そこで、改めて日時を約束してお受けした。約束の日に、ホテルのフロントから、「お迎えの車が来ました」と電話が来たので玄関に出てみると、ロールスロイスのデラックス車が正門にピタリと着いている。タクシーの迎えぐらいに思っていた太田が、この車のそばを通り抜けようとすると、金モールの飾りのついた礼服を着た人物が、サッとドアを開けて恭しく頭を下げる。度肝を抜かれたが、少しも騒がず「ダンケ・シェーン」と言ってその車に乗り込んだ。

着いたのは、ラッパの号音で迎えられそうな古城であった。その頃は、テニスのパーティではタキシードが常識だったので、この方はまず及第点だったが、主客一対一なのに数人のボーイさんがついたので、ご馳走もオチオチ頂けない状況だ。しかも驚いたことに、皿、小鉢は全部日本の高級品を揃え、ナイフ、スプーン等は全て黄金色だった。翌日、太田が友人に昨夜の話をすると、「彼はリヒテンシュタイン公国の国王だよ。君は国賓として招待されたのかも?」と笑って言った。

太田芳郎の本分は『英語の留学生』である。冬はトーナメントもなく日暮れも早いので、まさに勉強の季節。ウォータールー駅近くにある「オールドビク」という舞台は粗末だが、冬の間だけ一流のシェイクスピア俳優が一週間ごとに代わる劇場に、毎週二回ずつ繰返し通った。芳郎の勉強の方法は徹底している。まず、台詞のレコードを買って帰り、繰り返し口真似をした。二回観るうち、初めの一回は入場料の安い上階の方で、教本と首っ引きで下方の舞台を眺めた。二度目は高い一階の席を奮発して買い、教本なしで観るというやり方である。偶然にも、日本の英文学界に偉大な功績を残した福原麟太郎先生も渡英中で、テニス部の先輩でもある大先生のお伴が出来たのは幸運だった。先生は料金の高い席だけで観劇していただろう。また、リリックセアター（歌劇）へも度々お供した。ロンドンで福原先生から本場の舞台で教えを受けたことは、芳郎にとって一生の宝物となった。

五、最後の挑戦

昭和五年（1930）、太田芳郎三十歳になり、早くも英国留学最終年を迎えた。

この年を最後にテニスから引退することになるが、全仏でのボロトラ戦（第一章参照）は強烈だった。五月二十日〜六月二日、フランスハードコートチャンピオンシップ（現在の全仏オープン選手権大会）がパリのローラン・ギャロスで開催された。この大会はウィンブルドンに次いで、ヨーロッパ第二の大きなトーナメント（現在の四大大会）である。太田は四回戦（準々決勝）で、地元フランスの四銃士の一人、難敵ボロトラと対戦しフルセットの末敗れた。その後、ボロトラは決勝まで進んだが、同僚のコシェに敗れて準優勝に終わった。

続いて全ドイツ選手権に出場した。この大会の準々決勝での出来事。オーストラリアのカミングスを3－0で破るが、当時、オーストラリア人の中には日本人を有色人種として軽蔑している者があった。その日本人に零敗した口惜しさから、ネットに駆け寄って握手の手を差し出した太田を見向きもせず、サッサと引き揚げていった。怒った太田はラケットも折れよとばかりネットコードにたたきつけ、憤然として退場した。オーストラリアチームのキャプテンで、テニスの神様と尊敬されていたノーマンブルックス卿は、カミングスをチームから外し、太田に対し丁重に謝罪した。決勝戦は仏、豪、英、伊、日本など十数か国のデ杯選手の中から、フランスのブシューと日本の太田芳郎が戦った。セットオール2対2、ファイナルセット5－0でリード、優勝が目の前に来たと思った頃から日が暮れかかった。早く勝たねば明日に延びると焦ったのが悪く、ズルズルと連続7ゲームを失った。ファイナルセット5－0から、この大きな選手権を取り損なったのは太田にとって大きな衝撃だった。

この試合と、先の全仏でのボロトラ戦は、太田が五セットマッチのファイナルセットで敗れた、生涯でただ二つの試合である。欧州留学最終年度の最後に起ったこの結末によって、太田芳郎自身が「自らの選手生命の限界」を感じさせられたのかもしれない。

選手時代に、汽車でシベリアを三回、汽船で大西洋を五回、太平洋を一回横断した。大西洋では社会勉強のために、当時の豪華客船5万6千トンのベレンガリア号とマジェスティック号に各一度ずつ一等に乗った。他の三回は新大陸見学の学生がよく利用するワンクラスボート（等級なし）を利用した。豪華船では欧米一流の紳士淑女と生活を共にするのだから、一挙手一投足にも気をつかって、緊張と自重の毎日であったが、それだけ貴い体験であった。ワンクラスボートでは各国の学生と遠慮のない交歓をし、上陸前夜のフェアウエルパーティーでは、お国自慢の余興を披露して、夜の更けるのも忘れて騒いだ。だから、それぞれの国民性に肌をもって触れ、知己を作り、異国情緒を心ゆくまで味わい、お互いに啓発されることばかりであった。それらは、太田芳郎にとって国際感覚を身につけるうえで大いに役に立った。

当時ロンドンに行くには、スエズ運河経由の船旅では五十余日もかかり、白樺の薪を焚いて走るシベリアの汽車では十四日もかかった。長い道中を苦労して出かけたので、簡単に帰国することもできない。海外留学とか出張員として腰を落ち着けた、三〜五年の長期滞在となる。日本人同士で固まって旅行したり泊まったりすることもない。太田は試合ではだいたい準決勝か決勝に残ったので、一日も遊ぶ日はなく、毎日の相手は外人ばかりだから、外人に対する豊富な経験を積むことになった。

テニスの旅でも、英文学にゆかりの深いスコットランドは、太田にとって忘れられない地である。ラスキンで有名なエジンバラの美しいプリンセスストリートのそぞろ歩きは格別。カーライルが青年時代に代用教員を勤めた小学校には、彼の弾いたピアノがあった。カコーデというタイン河畔の町では、日本チームが慈善テニスマッチをやり、そのあがりを寄付した時に、この企てを聞いて、地主の二人のお嬢さんがわざわざ馬に乗ってかけつけ、花束を選手一同にプレゼントしてくれた。このような心温まる優雅なテニスの旅があった。

原田選手は米国でジャーナリズムを、安部選手はドイツで哲学を、三木選手は安宅商会出張員、芳郎は英国留学で英文学と、それぞれ三年以上七年ぐらいも滞在した。板張りのインドアコートに足音高くボールを追い、ヒルダと呼んだボールガールに外れ球を拾わせて親しみ、時にはストランドの「フジイ」という地下レストランで、夜食を食べながら楽しく語り合った。昭和の初め、日本から海外に出てテニスを競い合って得た友情は、一生を通して心のよりどころとなった。

第五章　デビス・カップでの活躍

太田芳郎は英国留学を機に、ヨーロッパのトーナメントで活躍したことを第四章では述べた。本章では太田が大活躍したもう一つの場、デビス・カップの大会について詳しく述べたい。

デビス・カップ（デ杯）はアメリカの大富豪の一人息子、ドワイト・フィルビー・デビスが基金を提供、デビスの寄贈した銀製カップの争奪をめぐって、繰り広げられる勝ち抜き戦である。この試合が他と著しく異なるのは、デ杯だけが「国対国の対抗戦」で、しかも男子によるシングルス四試合、ダブルス一試合、計五試合の勝ち点獲得合戦にある。この当時、テニス界における国民の関心は、各地で開催される個々のトーナメント試合より、圧倒的にデ杯が高かった。第一回は１９００年、アメリカ対イギリスの試合が行われた。

正式な大会名称は「ザ・インターナショナル・ローンテニス・チャンピオンシップ」カップの名称は「ザ・インターナショナル・ローンテニス・チャンピオンシップ・マッチ・トロフィー」という。純銀製、高さ13インチ（約33㎝）、内径17・5インチ（約43㎝）、重さ217オンス（6・15㎏）。

当時は、デ杯保持国（前年度優勝国）に対する、挑戦者決定のためのトーナメントで、１９２３年以来、アメリカゾーンとヨーロッパゾーンに分けられ、この地域に所在しない国（日本、オーストラリア、インドなど）は、どちらのゾーンに申し込みをしてもよいことになった。アメリカゾーン、ヨーロッパゾーンでの勝ち抜き戦の結果、それぞれのゾーンで優勝者が決まり、優勝者同士がインターゾーン（I・Z）決勝戦を行い、この勝利者がカップ保持国に対しチャレンジ・ラウンド（C・R）を行うことになっていた。

一、日本庭球協会設立

大正十年（1921）頃の日本テニス界には、まだ全国を統括する組織がなかった。デ杯に参加するには、国を代表する窓口が必要である。そこで、形式的に協会をつくって、デ杯に間に合わせた。実際に日本庭球協会が発足したのは翌大正十一年（1922）三月十一日。初代会長には三井物産の朝吹常吉が就任した。大正十三年（1924）、正式に国際テニス連盟（ITF）に加入、翌年二月には丸の内ビルの八階に日本庭球協会本部を設け、庭球普及のための月刊誌「ローンテニス」を発刊した。さらに、昭和五十五年（1980）には、「財団法人日本テニス協会」に変更された。

日本の初参加は大正十年（1921）、出場は清水善造、熊谷一弥、柏尾誠一郎の三選手。十二か国のインターゾーンを勝ち抜き、チャレンジ・ラウンドに進出、ニューヨークのフォレストヒルズにてアメリカと対戦。0—5で負けるも、清水はチルデンに対し、二セットアップの後フルセットの末惜敗した。デ杯獲得への、最初で最後の挑戦であった。

8月インターゾーン準決勝（シカゴ）　日本　5対0　インド
決勝（ニューポート）　日本　4対1　オーストラリア
9月チャレンジ・ラウンド（ニューヨーク）日本　0対5　アメリカ
清水対チルデン2—3、熊谷対ジョンストン　0—3
熊谷／清水対ウイリアムズ／ウォシュバーン　1—3
熊谷対チルデン0—3、清水対ジョンストン　1—3

ニューヨーク、フォレストヒルズでのチャレンジ・ラウンドは三日間で四万人近い観客を集めた。世界のテニスの歴史始まって以来の空前の記録だった。入場料収入は七万九千ドル、これも新記録だった。そこから経費を差し引いた純益三万二六五〇ドルが、日本とアメリカに均等に配分された。さらに、対インド、対オーストラリア戦分の清水と熊谷が出場した試合やエキシビションの利益配分などが加わって、総計約二万一千ドル（当時は一ドル＝二円）が、USテニス協会から日本庭球協会へ渡された。約百年後の現在の金にすれば二億円に近い金額である。しかも、1925年までは協会側の体制が整っていなかったこともあって、選手派遣費は支出せず、熊谷、清水の場合は三菱、三井の両企業、他の選手の場合も多くは所属企業の負担、もしくは自弁という形をとっていたから、協会はもっぱらデ杯分与金が入ってくるだけの黒字基調だった。当初、協会財政の基礎となったのはデ杯戦入場料分担金などであり、熊谷、清水らは、その意味でも草創期のテニス界の恩人だった。

初参加で大活躍した日本だったが、翌年（1922年）は棄権した。

1923年から25年までの3年間はアメリカゾーンに参加したが、いずれも決勝でオーストラリアに敗北し、I・Z進出はならなかった。しかし、1926年、オーストラリア不在のアメリカゾーンを勝ち抜き、I・Zに進出したがフランスに惜敗し、C・R進出はならなかった。

二、デ杯デビュー

太田芳郎のデビューは、大正から昭和に時代が移った昭和二年（1927）、太田は初めて日の丸を背負ってデビス・カップに出場した。ウィンブルドンが終り、英国からアメリカへ大西洋を渡ることになった。1924年から米国ハーバード大学に留学している先輩格の原田選手が、「おい太田、日本のデ杯選手は何でも一流にするんだ」と見栄を張って五万六千トンの豪華船マジェスティック号に乗り込んだ。ここでは一等船客の生活態度を盗み見て自尊心を養った。夕食ともなると、タキシードに身を固め、ポマードで髪を撫でつけ、二人でお互いに見合って、「これでよし」と胸を張り食堂に入った。

六日後、ニューヨークに到着。ハドソン川の河口、自由のシンボル、不滅のかがり火を掲げる「自由の女神像」は、世界文明の粋を集めた大都ニューヨークへの最初のお目見えである。実物は素晴らしく大きな物で、胴体の中にはエレベーターがついており、差し上げた腕の中へも、また、平和のシンボルの炬火の中にも階段が設けてあって、見物の人々は、自由にその中を上下できる。ニューヨークは古都ロンドンの、どことなく物寂びた印象に比べて、また何という対照的な存在であろうか。六万トンの巨船も、同時に二つ三つと横に並べる大埠頭に着く。大国アメリカから受ける、言うに言われぬ圧力が、一種の不安な念さえ起こさせて、田舎者の太田の心をソワソワさせていた。

清水善造監督に連れられて入国手続きなどを済ませ、土の上での足慣らしのために、名門フォレストヒルズテニスクラブで軽い練習をして、大西洋船旅の汗を流す。夕方、清水監督に案内され、これも一流のヴァンダビルトホテルに入った。エレベーターを何回も乗り換え、厚いカーペットの敷き詰められた静かな廊下を歩いて、室に入るが早いか寝てしまった。ホテルの部屋は三十数階。自動車の行き交う音が、深い深い奈落の底から響いてくる雷のような連続音となって枕元に伝わってくる。大都会の音だ、何とはなしに追いかけられるような落ち着かない一夜だった。連れていかれた映画館では、トーキーという、人物がしゃべる画面に度肝をぬかれた。何しろ初めのころは、水洗トイレの前で途方にくれ、舟型のバスタブの入り方まで教えてもらうありさま。それが幾日も経たないうちに、テーブルスピーチにユーモアを入れて話せるほどの度胸に成長した。このように日常の生活環境の中で培われた反骨精神、負けじ魂が、試合の中にも現れ、平常よりも図太い強いテニスができた。

それにしても、清水善造監督の人気はアメリカにおいてもいまだ健在だ。スポーツマンシップに徹したコートマナーと、その努力ぶり、真面目さで「真のテニスマン」と称えられ、「ミスターシミズ」の名を知らぬ者はなかった。清水の存在は、太田のテニス人生に、どれだけ深いインフルエンスを与えられたか計り知れない。

◇アメリカゾーン一回戦、対メキシコ戦、七月二十九日〜三十日、会場＝セントルイス

ニューヨークからアメリカの中央部セントルイスに移動した。日本選手団は監督兼主将清水善造、太田芳郎、原田武一、鳥羽貞三、三木龍喜。

デ杯初陣の相手は世界的な大物、ロバート・キンゼイであった。ランキングは単五位、複一位と格上。アメリカ人の世界的選手であるが、メキシコの女性と結婚しているという理由で、メキシコのデ杯選手として日本と戦うことになった。彼に出られると勝ち目はな

い。日本庭球協会は、デ杯の規則上、未だメキシコを代表する資格を充たしていないと抗議し、紛糾しているうちに、試合の期日が来てしまった。アメリカの選手も憤慨する中、日本側の主張は「キンゼイ選手を恐れているのではない。デ杯は国民と国民とのマッチである。だから我々はメキシコの国民を代表した真のメキシコチームと戦いたいだけなのだ」と明言した。その上で、清水監督も覚悟を決め、先方の予定した通りキンゼイの生まれ故郷のセントルイスで戦うことになった。メキシコはキンゼイが出る上、地の利を持っている。勝負は予想通り熾烈を極めた。

第一試合　太田芳郎対ロバート・キンゼイ

午後二時半、トリプルAコートに日の丸の国旗が翻るのを見て、太田芳郎の心は躍った。真夏のアメリカ南部の町は焼けるような暑さで、スタンドに掲げられた両国国旗もだらりと下がってそよ風もない日である。死んでも勝たねばならないと決心して臨んだためか、あまりの緊張とキンゼイのカッティングボールに悩まされ、失策を重ね2－6、1－6とたちまち二セットを落としてしまった。いよいよ第三セット、これを落とすともう終りだ、太田は苦しい胸で呼吸しつつ、最後の精力を傾けて奮迅の勢いで打ち込んでいった。ようやく彼のボールにも慣れ、このセットを6－4で太田がとった。

このあたりから攻守ところを変え、長いプレーを繰り返していたが、常に先に攻撃してポイントをとったのは太田だった。原田は「十分間の休み後の太田君のプレーは、別人のように思われた。ハードヒッティングし、キンゼイのバックを攻めネットに出て美しいスマッシュとボレーを時々見せて見物人を喜ばせた」と語り、第四セット6―1として2セットオールに追いついた。ファイナルセットに入った時は、試合時間はすでに3時間を超していた。太田は両足が参ってしまい、呼吸困難になり、目がくらむ。キンゼイも右手にケイレンを起したらしく、二人ともコートに倒れた。しかし、コートサイドで清水監督の、「自分が疲れた時は、相手はもっと疲れているはずだ」という言葉や、原田選手が右手を握り「踏んばれフンバレ」との激に励まされ、渾身の勇気を振り絞り「こん畜生、コン畜生」と言いながらの頑張りで、遂にファイナルセット6―2で勝利した。

最終スコアは、太田〈2―6、1―6、6―4、6―1、6―2〉キンゼイ

試合が進むにつれ、清水監督は涙を頬に流して激励し、マッチポイントを決め勝った時には、コートに飛び出してきて、キンゼイと太田の健闘を涙と共にねぎらった。原田・鳥羽の二人に両肩を支えられてシャワー室まで運ばれたが、三人とも泣いていた。この二人は学生時代共に「テニス界三羽烏」と呼ばれ、お互いにしのぎを削った間柄である。原田はこの時思わずひざまずいて、「感謝の涙があふれ出るのを止め得なかった。太田君のようなスピリットを持ったプレーヤーを得られたことは、私のパートナーとしてではなく我

がチームのために非常に喜ぶべきことである」と語った。メキシコのもう一人のウンダ選手は物の数でないので、この貴重な最初の一点で日本は九分通り勝利を手中におさめた。「日本はキンゼイが出場すれば勝てないから抗議した」と、メキシコは公言した。こう言われては、もし負けたら笑い草になる。日本の面目上負けることのできない一戦であった。どうしても勝たねばならぬ試合が、太田芳郎のデ杯初陣だったのだ。

太田と原田のシングルスは各2勝、ダブルスの清水・原田組がフルセットの末敗北。最終結果は日本が4対1でメキシコに勝利した。

◇アメリカゾーン決勝、対カナダ戦、八月十八～二十日、会場＝モントリオール

3対2で日本の勝利。アメリカゾーンで優勝した。

シングルスの太田、原田はW・F・クロッカーに勝利し2ポイントを獲得。

ダブルス原田・鳥羽はフルセットの末、辛勝し大きな1ポイントを獲得した。

◇インターゾーン決勝、対フランス戦、八月二十五～二十七日、会場＝ボストン

ヨーロッパゾーン優勝のフランスとインターゾーン決勝戦を争った。

日本0対3でフランスが圧勝。コシェ、ラコステ、ブルニョンに全く歯が立たず完敗。日本は二日目で勝敗が決したため、三日目を棄権した。

今回のデ杯には三木龍喜選手も同行した。出場機会はなかったが沢山のエピソードを残

した。三木は酒も煙草もやらないが、甘い物に目がない。特に、アメリカのアイスクリームはうまいから、喫茶店に行って「ヴァニラ」を頼むが、これが一向に通じない。そこで英語教師の芳郎が、まず下唇を上歯で充分に噛め、それから息を吹き出しながら「ヴァニラ」と発音しろと教えた。三木は少し出ている歯をさらに前に出して、店員に「ヴァニラ・アイスクリーム」と怒鳴っていた。三木選手は後年（1934年）、ウィンブルドンのミクストダブルスで、日本人初の優勝をした。これは、前衛だった彼のポーチが実に巧かったためだ。三木が軟式時代会得した二段モーション、三段モーション等の複雑な動きをするので、このような動きに対して全く経験のない外国選手（特に相手の後衛）はすっかり面くらい、三木にとっては組みし易い格好の餌食となってしまったのである。

三、チルデンからセットを奪う

1928年はアメリカゾーンに挑戦し、決勝まで進出した。

この年、太田は家族と共にロンドン郊外のアイズルワス村に居を構えた。しかし二週間もたたぬうちに、デ杯アメリカゾーン参戦のため、二カ月の旅に出発した。行く先はキューバ。梅も桜も咲かぬ大連から、シベリアの広野を渡り、不安げな家族をロンドンに残し、大西洋を越えてニューヨークに着くと、ブロードウエーには雪がちらついていた。

フロリダ半島をバナナスペシャルという豪華な列車で南下。キーウエスト港から連絡船で常夏の国キューバのハバナにつくと、今回代表選手の鳥羽貞三、安部民雄が真っ黒に日焼けした顔で出迎えた。この太田、鳥羽、安部の三人も学生時代好敵手として戦ったが、地球の反対側キューバで再び手を握った。試合は一方的な勝ちだった。

次は北国カナダ。南米から北上の粗末な船でニューヨークへ直行。しばらく余裕があったので、鳥羽は三井物産支店に毎日出社し、留守中の仕事を片付けた。

カナダに辛勝して、アメリカゾーンの決勝は、チルデンの率いる米国チームである。カナダのモントリオールからアメリカのシカゴまで、二日しか余裕がないのに列車で一昼夜かかった。このハードスケジュールは、アメリカが次のインターゾーンの日程を計算してのことで、遠征軍の日本には期日も試合場の決定権もなく、先方の言う通りに決められた。シカゴの対アメリカ戦は完敗であったが、太田はチルデンに対し第一セットを8―6で先取したのは大手柄であった。四月半ばにロンドンを出発し、常夏のキューバ、寒いカナダ、にぎやかなシカゴと南へ北への旅。ロンドンに帰ったのは六月の半ばだった。

◇アメリカゾーン1回戦、四月二十八～三十日、会場＝ハバナ、

日本　5対0　キューバ

◇アメリカゾーン準決勝、五月二十五～二十八日、会場＝モントリオール

◇アメリカゾーン決勝、六月一～三日、会場＝シカゴ
日本　3対1　カナダ
日本　0対5　アメリカ

1929年もアメリカゾーンに参加、アメリカに対しデ杯戦唯一の一勝をあげた。

◇アメリカゾーン2回戦、対アメリカ戦、五月二十三～二十五日、会場＝ワシントン

フーバー大統領はじめ各国大使、日本の出渕大使等の見守る中、ワシントンのチェビーチェースで行われた。日本は太田・安部、アメリカはウインブルドンダブルス優勝者のバンラインとヘネシーで両チームとも二人で単・複を兼ねて出場した。

第一試合はヘネシーが安部に勝ったが、第二試合の太田とバンラインの試合は大接戦となり、日本（太田）セットカウント1―2、第4セットゲームカウント2―4でバンラインリードの時に日が暮れかかり、既定の中止時間となった。バンラインは更に2ゲームやることを主張したが、日本のキャプテン恩田貞一が頑張って、ゴタゴタしているうちに日は落ちてしまった。コートを去る時にバンラインは、「トマロー・オンリー・ファイブ・ミニッ」、明日は五分で勝ってみせると豪語した。この「日米大激戦」のニュースをシカゴで聞いた日本からの遠征野球チーム（明治大学）が、はるばる夜行で応援に駆けつけ、

翌日のコートサイドに陣取った。こんな応援の中たった五分でやられたらどうしようかと、太田は内心非常に興奮したが、幸い良いスタートを切って4ゲーム連取し、2セットオールになった。最終セットも一進一退となり互角に5オールまで来たが、遂にバンラインのサーブを破って7―5で勝利した。出渕駐米大使は思わずコートの中に飛び出して、太田を抱えるようにして握手した。この一勝は、アメリカとのデ杯戦で、日本最初の勝利である。

スコアは、太田〈6―4、6―8、2―6、6―4、7―5〉バンライン

最終結果は、日本1対4アメリカで、アメリカの前に敗れた。

1930年はヨーロッパゾーンに参加した。

イギリス滞在中の太田の提案で、日本は初めてヨーロッパゾーンに参加した。これはフランスがデ杯保持国となり、アメリカがアメリカゾーンに出るため、ヨーロッパゾーンの方が勝ちあがる可能性があると判断したからだ。勝てば多額の報奨金が日本庭球協会に支払われる。当時、デ杯で勝つことは、各国の協会にとって大きな財源になったのである。

日本の選手団は太田芳郎、原田武一、安部民雄、佐藤俵太郎の四人。

◇ヨーロッパゾーン1回戦、ハンガリーに4対0で勝利。

左から安部、太田、佐藤俵、原田の各選手
（写真：『世界テニス行脚ロマンの旅』より）

◇同ゾーン2回戦、インドに5対0で勝利。
◇同ゾーン3回戦、スペインに4対1で勝利。
◇準決勝でヨーロッパ最強のメンツェル、コツェルーを擁したチェコを3対2で下す。
◇決勝でイタリアと対戦、七月十一〜十三日　会場＝ジェノバ
太田対ステファニ　3—6、4—6、6—4、4—6
太田対モルプルゴ　0—6、2—6、1—6
ステファニ（国際庭球連盟

会長）には、ウィンブルドンでは、3—1で勝っていたのに、この試合は負けた。また、モルプルゴにも完敗し、太田芳郎にとって最後のデ杯だっただけに悔しい思いがつのった。結局、日本は2対3の接戦で、ヨーロッパゾーン優勝という輝かしい記録を逸した。今回の大会は、原田武一が主将兼選手という責任あるポジションを任されていた。自由奔放で豪快な性格の原田だったが、リーダーシップに悩んでいたこともあり、この大会を最後に（太田と共に）デ杯を終えることとなった。

1931年は日本選手の世代交代が進んだ。

太田芳郎が大連に帰国後、ヨーロピアンゾーンに参加した日本は、太田・原田・安部に代って、佐藤次郎、佐藤俵太郎、川地実が出場した。2回戦対ユーゴスラビアに5対0で勝利、3回戦対エジプトに5対0勝利した。準決勝対イギリス戦は六月十二〜十五日、イギリスのイーストボーンで行われた。イギリスの主力選手となったF・ペリーらは、日本選手を圧倒し、0対5で日本は完敗した。

四、好敵手の横顔

この当時、好敵手として世界で活躍していた選手を、太田は次のように紹介している。

各選手についての末尾の「―」以下は、太田が得意の洒落で、「謎かけ」を詠んだものである。

◇チルデン（アメリカ）１８９３〜１９５３年

伝説の天才的選手。二十七才からウィンブルドン優勝三回、全米七回優勝した大器晩成型プレーヤー。「グレイテストオールラウンドプレーヤー」、「マッチプレーヤー」と呼ばれた。あの身長、あのリストの力、長い手足、天才的なテニス能力を持つ人。フォア・バックの強打、サービス、試合上手、どんなボールでも自在にこなし相手によって千変万化、駿足でコートカバーしその上で力のテニスができる。独身を通し、晩年は不遇のうちに生涯を閉じた。

―チルデンとかけて「放電」ととく、〈心は〉あざやかあざやか

◇ボロトラ（フランス）１８９８〜１９９４年

四銃士の一人。ネット・プレーで一貫、ボレー・スマッシュが上手。グランド・ストロークはぎこちなく、ボールがふらふらしている。勝つ時も負ける時もすべてネット・プレーによる。ワイワイとお茶目、見物席の中まで飛込でいく快活な性格、天馬空をかける如き駿足。

―ボロトラとかけて「暴虎」ととく、〈心は〉コートを縦横にかけまわる

◇コシェ（フランス）１９０１〜１９８７年
四銃士の一人。ベースラインの上またはそれより中の方に入ってショートバウンドやライジングボールばかりを狙う、予想外のショット、初めて見た人は「あんなフォームで」と驚く。度胸満点、試合上手。チルデンは「ファイティングスピリッツ旺盛」と言っている。

―コシェとかけて「固粋」ととく、〈心は〉固くて中々粋なプレーを見せる
◇ラコステ（フランス）１９０４〜１９９６年
四銃士の一人。喰い付いたら離さないことから「ワニのラコステ」の異名をとる（異名がそのまま、彼の作ったウェアブランドと社名になる）。グランド・ストローク一点張り、ネット・プレーは見るべきものがない。サーブはツイストがかかっているが恐ろしくない。ダブルフォルトは滅多にしない。ねばり強く、度胸あり。堅実一点張り、大人しく話もあまりしない、黙々として何か考えている。メンタルが強く、大山が崩れかかってもびくともしない。

―ラコステとかけて「羅固素奴」ととく、〈心は〉羅漢の如く強くてしかも固い奴
◇フレッド・ペリー（イギリス）１９０９〜１９９５年　＊本文122〜125頁参照
イングランド北部ストックポート出身。「イギリスのテニスの神様」として、今なお尊

敬を集め続ける名選手。1933年フランスよりデ杯を勝ち取る。1934年デ杯で米国を打ち破る。ウィンブルドン3連勝（1934〜36年）、全米選手権3回優勝。全仏、全豪各1回優勝。テニス選手史上初の、生涯（キャリア）グランドスラム達成。1952年テニスウエアブランド「フレッドペリー」を創設。

五、グリップと個性

テニスはラケットを介してボールを打つ競技である。ラケットを持つ部分をグリップと呼ぶが、グリップの持ち方で打ち方が変わり、テニスのプレースタイルも変わる。すでに何回か述べているが、選手のグリップにより、各人の個性が生まれ、ゲームの戦術や戦略までが大きく変わり、試合の結果に反映されているのである。

テニスというスポーツがイギリスで始まった頃の打ち方は、コンチネンタル・グリップが主流であった。ハンマーを持つようにまっすぐ握り、フォアとバックは異なる面をつかい両面で打つ。この打ち方は「薄い打ち方」とも表現され、ローン（芝生）コートなど球足が低くすべるコートに適している。打点は身体の中心から後ろでも可能で、リーチが長くとれる。低いボールやサーブ、スマッシュにも同じグリップで対応できる強みがあるが、弱点は強い筋力が必要とされる反面、強い打球を打つのが難しいことにある。

一方、アメリカに渡ったテニスは、東海岸で流行ったのが、イースタン・グリップである。フォアとバックは違う面（両面）を使用するが、打球の目的と質により、コンチネンタルから少しずらして握る。初心者でも楽に入りやすく、誰もが多彩なボールが打てるメリットがあるが、瞬時にデリケートなグリップ調整が要求される。

また、同じアメリカでも西海岸の乾燥した固いコートで、高く弾むボールを打つために、ラケットを地面において上からそのまま持つ「厚いグリップ」が用いられた。このグリップをウェスタン・グリップという。強い打球が打てるが、フォアもバックも同じ面で打つために、打点が前になり、低いボールやサーブ・ボレーが打ちにくい欠点がある。

太田は自著『日本体育業書第十四編テニス』（目黒書店・1925年）で、コンチネンタルをイングリッシュ・グリップ、イースタンをアメリカン・グリップ、ウェスタンをカリフォルニアン・グリップとして紹介している。

日本にテニスが紹介された折、ボールが高価でゴムマリを代用したが、ゴムマリは強くひっぱたかないと相手のコートに飛んでいかない。また、日本のクレーコートは良く弾み、高い打点で打たなければならないため、軟式テニスはウェスタン・グリップが用いられていた。太田が東京高師入学時、多くの大学が硬式に移行したが、学生は軟式から転向したものが多く、厚いウェスタン・グリップを多用していた。

日本テニス草分けの清水善造選手の打ち方は、ウェスタン・グリップだが特徴があり、草刈りテニスと言われた。フォアハンドを打つ時は、左足を前（ネットより）に出すのが自然だが、彼のは右足が前にくる。その構えで、姿勢を低くしたままへっぴり腰のように打つ。熊谷一弥選手もウェスタン・グリップ、野球部では4番打者、小学校の頃先生に褒められテニスもやった。サウスポーのフォアハンドから叩き出されるドライブが強烈で、上級生でも打ち返せないことがあったという。福田雅之助選手は、当初はウェスタン・グリップでプレーしていた。しかし、大正十二年（1923）、早大初のデ杯選手として渡米し、イースタン・グリップの創始者とも言うべきチルデンと運命的な出会いをした。彼の科学的で立派なことに心酔して、ついに自分のテニスを根本から変えて、イースタンに転向したのだった。それから福田はイースタンを体得すべく努力したが、かつての強いストロークは戻らず、デ杯戦の試合から外れたこともあり、後に批判されたこともあった。しかし、外国人は皆ラケットの両面でバックもフォアも打つ未知の世界のテニスだ。そしてこれが理想的であり合理的だと痛感した。この知られざる合理的なテニスを日本に紹介するのは自分の使命だと信じた。

次世代の原田武一はグリップに関しては、慶大の先輩である熊谷一弥と同じウェスタン・グリップで通した。当時の世界トップ選手は、イースタン・グリップを駆使する選手の割合が高かった。福田が日本に初めてイースタン・グリップを紹介した後、日本のテニス選手にもイースタン・グリップを模倣する人が増えたという。しかし、原田はこの流れを懸念していた。彼は持論として「ノーフォーム、ノーグリップ」という言葉を愛用したが、これは個々の選手がむやみやたらに有名選手のスタイルを模倣するのではなく「自分に最も適したテニススタイルを見つけること」の重要性を説いたものである。三木龍喜は、フランスのデ杯代表コシェのグリップに感心し、大きな影響を受けた。三木のグリップは基本的には、ウェスタン・グリップだったのだが、これをコシェ流の「薄い」グリップ、ハンマーを握るのに近いグリップに変えたのである。日本の庭球界の先進、熊谷や清水は軟式流の変則グリップで世界に名を成したが、日本の庭球界も、福田、三木あたりから、欧米流の正統的テニスを志向し始める。太田の東京高師後輩で、ダブルスパートナーだった森勝礼は、早くからグリップの研究を密かに進めていた。いつも外国のテニス技術書を読んで研究した。太田は「森君のテニスは徹底した理論家のテニスで、早くからイースタン・グリップの研究をして、ネット・プレーに秀でていた。いわば近代テニスの草分けである」と語っている。

　太田芳郎はどうであったのか。自身のことを「ぐりぐりの田舎テニス」と言い、軟式の時と同じでウェスタン・グリップを変えていない。右手の握力は七十kgあり、太めのグリップで四百グラムある当時のラケットを振り回していた。主とした攻撃武器はフォアハンドのドライブ。この強烈なドライブを打つには、「身体を中心にした旋回運動（ピボティング）、これに伴う肩の回転、腕の前振り、手首のスナップなどの一連の運動をもって、ラケット面とボールの衝撃を激しいものにすることである」と理論的だ。幼いころから学んだウェスタン・グリップは直しようもなかった。体の大きな外人を相手に同じテニスをやっていたのでは勝てるわけはない。ウェスタンの特色を生かした方がいいと信じていた。バックハンドも片面を使う軟式の打ち方だったが、ローボレーとスマッシュはコンチネンタル・グリップに握りかえた。スマッシュは最も得意とする武器で、ほとんど一発で決めた。

太田芳郎が『ローンテニス誌6月号』へ投稿している。時は大正十四年（１９２５）、アメリカの名選手であるキンゼイ兄弟とスノドグラスが来日し、妙技を披露した。強力なツイストサーブ、ダブルスのコンビネーションや華麗なボレー、カットやチョップなど日本人はあまり見たこともないショットを随所に織り込み、日本の観衆のみならず選手に大きなインパクトを与えた。『ローンテニス誌5月号』でも彼等のテクニックが大きく取り上げられ、日本のテニスプレーヤーにこの技術の習得を迫ったものと思われる。これまで、軟式流の強打一辺倒の原田、太田などのテニスプレーヤーには、「さあどうする」と判断を迫られた格好になったはずだ。そこで、太田はこの文章で問題提起したものと思われる。まだ留学前の太田の文章には、大和魂や肉弾など軍国調が随所にみられるが、どちらを選ぶにせよ「中途半端は止め、徹底すること」だと訴えている。芳郎は当然、後者を選んで、果敢に世界に挑んでいったのだった。

「屈伏か反抗か」（『ローンテニス』1925年6月号への投稿）

桜咲く日の本の春、彼等の心は如何ばかり躍ったことであろう。それにも増して待ちあぐんだ人々は日本のファンであった。ダブルチャンピオンとしての栄えある月の桂は、彼等キンゼイ兄弟によって克ち得られ米国第4位、第6位のシングル選手はヤングキンゼイ並びにスノドグラス其の人によって占められている。アメリカの第6位は即ち世界の第6位を物語る名誉あるランキング。1925年の吾庭《わが》球界の幕は、げに得難き名人によって切り落とされし哉!!

(中略—サービス、ボレー、チョップ、ショートバウンド、コンビネーション等の技術は、彼らと日本人選手の間には大きな差があり、すぐに真似できない等々—)

是を要するに彼等がテニスは変化のテニス、テクニックのテニスである。然らば彼らを敵として戦わねばならぬものにはいかなる戦法が残されてあるか？　私個人の意見を大胆に発表すれば、それには唯二つの道しか見あたらぬと叫ぶ。其の第一は何か、宜しく彼等に屈伏せよ。其の第二は何か、あくまでも彼等に反抗せよ。彼等に屈伏することは彼等のテニスを鵜呑み式に学ぶことを意味する。幸いにしてかくの如きチャンスを捉え得るものは、彼等が膝下《しっか》に屈して、アメリカンテニスの奥義を学ぶべし。グリップの変更リフォームの必要は当然である。第二の意義は如何《いか》に、日本には日本のテニスがある軟球に基礎を持つ歴史的なテニスがある。是に加えて、五体にあふる大和魂を如何せんや。愈々《いよいよ》及ばぬ時は肉弾を持て彼等が塁に殺到すべし。然し二者を通じて忘れてならぬのは『徹底』せよの一句である。

テニスの草創期、軟式から硬式に移行した日本は、打ち方やグリップに個性があふれていた。グリップはプレースタイルを変える。福田氏の提唱したイースタン・グリップは、戦後日本に定着し、広くテニススクールにも取り入れられ、一般への普及とテニス人口の増加に大きく貢献した。しかし、原田や太田は「グリップは個人にとって最も適した方法を選択したら良いのであって、イースタンに囚われる必要はない。欧米人の真似をするのでなく、強い個性をもって世界で戦え」と提唱している。

近年は、イースタンとウェスタンの中間を持つセミウェスタン・グリップや、両手打ちの攻撃的テニスが主流になっている。いずれも、ラケットの素材や重量、コートサーフェスの変遷、選手の筋力強化などにより、戦術もテニススタイルも大きく変化している。

第六章　戦争と大連

一、教育に専念

『大連・空白の六百日』（富永孝子著、新評論）によると、大連はヨーロッパ風の美しい街であったと描かれている。

大連―この地名はパリと同様、なぜか日本人の心をそそる。大連は、三方をおだやかな海に抱かれ、東西に長くのびている。気温は日本の東北地方とほぼ同じ。雨量は少ない。円形の公園をめぐり、重厚な建物が林立する大広場を中心とした景観は、ヨーロッパそのものであった。白いアカシアの花陰を、帽子に正装した美しい婦人をのせた馬車が、蹄の音を残し、浪速町や伊勢町に消えていく。そこには日本には見られない、ダンヒル、ロンジンなど、世界の逸品が豊富に並んでいた。白塗りのグランドピアノのある豪華な喫茶店エミや、レストラン・ビクトリアまで足を延ばして一服、時にはヤマトホテルで白服のボーイにかしずかれての昼食。大連の日本人の生活水準は日本よりはるかに高く、のびやかであった。上・下水道は完備、家屋はレンガや鉄筋の洋風建築で、暖房設備は整い、ほとんどの家庭にガスがあった。なかにはすでに洗濯機や撮影・映写機のある家庭まであった。白系ロシア人のほか、ヨーロッパ各国から人々が集まり、国際色豊かな大連は、ヨーロッパに憧れる戦前の日本人を十分満足させた。それに反し、中国人は市西北部に押しやられ、ほとんどが貧しい暮らしに甘んじていた。

一方で大連は、日本とロシアの激しい確執の地であった。明治二十八年（1895）、日清戦争の結果、清国から大連を含む遼東半島の割譲を受けた日本は、三国干渉により遼東半島を清国に返還した。明治三十一年、ロシアは当地を清国から租借し、ロシア本国から「はるか隔たる」この地を、その意味の通りのロシア語をとって「ダルニー」と名付けた。そんなロシアに危機感を抱いた日本は、明治三十七年宣戦布告、日露戦争が勃発した。同年、無血占領した日本軍は、翌年ダルニーを「大連」と命名した。明治三十九年、日本政府は遼東半島を関東州とした。これが台湾に続く日本第二の植民地・関東州大連の幕明けであった。

太田が最初に満州の土を踏んだのは、大正十一年（1922）、東京高師本科一年の時、満鉄招待の全日本学生選抜チームの主将として、大連、旅順などを訪問した。

二回目の満州は大正十五年（1926）春、大連市立高等女学校（後の弥生高女）に赴任。生徒数約七百名、担当科目は、英語に加え国語、歴史の三教科。住いは海沿いの景勝地、老虎灘《ろうこたん》海岸の対翠荘《たいすいそう》にあった。

そして三回目、昭和五年（1930）、三十歳の芳郎は英国留学から帰国後、再び教壇に立った。こんどの住まいは、南山の西斜面に日本人高級住宅が立ち並ぶ、嶺前《れいぜん》地区の臥《が》

現在も昔の校舎が残る弥生高女（撮影Iさん）

龍台《りゅうだい》。桃源台、平和台、電車通りを挟んで鳴鶴台、秀月台と続き、警備上も地形的にも居住に最も適しており、比較的平和な地区である。学校までは、約五㎞、生活環境もよく、電車の駅にも近い便利なところにあった。太田は「これでテニスとはお別れだ、これからは英語教育に専念する」と固く誓った。その結果、必然的に日本内地の庭球協会など中央からはしだいに離れ、テニスそのものからも遠ざかっていった。

太田の三回目以降の大連における教職の経歴は、次の通りである。

１９３０年十月〜34年三月、東洋協会立大連商業学校、担当科目英語

１９３４年四月〜44年三月、公立大連

中学校、担当科目英語、41年教頭
1944年四月〜46年四月、大連弥生高等女学校、担当科目英語、教頭

二、リットン調査団

1927年から英国留学している間に、関東州、満州をめぐる情勢は大きく変わっていた。1928年、張作霖爆殺事件が起こり、1929年秋に始まった世界恐慌は、日本にも満州にも多大な影響を及ぼした。1930年の国勢調査では、関東州と南満洲鉄道付属地帯に居住する日本人は二十二万八千人とされている。1931年九月十八日、満州事変(柳条湖事件)勃発、1932年三月一日満州国建国宣言、五月十五日に犬養毅首相が暗殺され、日本は軍国ファシズム体制へ傾斜していった。

中国政府は国際連盟に対し、理事会開催を要請、理事会の決定により『リットン調査団』が派遣されることになった。運命の悪戯か、満州に戻った太田芳郎は、日本の歴史に残るリットン調査団の中で、重要な役割を担わされたのである。

1932年三月、国際連盟は英国のリットン卿を団長とし、米、仏、伊、独五か国の現地調査団を派遣する。大連での日本側は五人の通訳チームを用意したが、その中に一番年少三十二歳の太田芳郎も加えられた。五人は前もってホテルに籠城、一行の検分予定地を

廻り、旅順の日露戦争跡、博物館、中国人の家庭を訪れてインタビューのリハーサル等、日本側に好都合なお手盛りスケジュールの予行演習を行って到着を待った。

調査団一行が到着、芳郎は初めマコイ将軍付であったが、リットン卿自身の指名で同卿付に変更された。それは、リットン卿の令息がケンブリッジ大のテニス選手であり、卿自身も大のテニス好きで、太田の英国でのテニスの実績を知っていたからであった。いよいよ予定のスケジュールに入ったのだが、卿は「判っている、判っている」とだけ言い、自分の定めたコースを動き回り、午後は早めに切り上げてテニスばかり、丁度、太田の知人、英国人のターナー氏の星が浦私邸にテニスコートがあったので、在留英国人と共に卿を囲んでテニスを楽しみ、午後は英国式のティテーブルで歓談した。

ある日の夕方、満鉄総裁主催の招宴が催された。

関東州の幹部から通訳側に声がかかる。

「おい、招宴開始の時間が迫っている、リットン卿御一行は間に合うのだろうな」

「只今リットン卿は在留英国人とテニスをしていまして、至急の連絡をとっています」

「英国人は何事でも時間厳守と聞いたが、本当に大丈夫か」

「は！　ただいま現地に確かめています」

通訳団の団長から、最年少でリットン卿お気に入りの太田に、せかす電話が入る。

「おい、太田。リットン卿一行はテニスを終えてそっちを出発したか」

「はい。リットン卿に時間が来たと知らせていますので、今しばらくお待ちください」

しかし、卿は予定の時間が迫っても悠々とテニスをしている。

また、会場から電話がかかり、太田指名で呼び出しがかかる。

「太田まだか。満鉄総裁や関東州庁長官その他お歴々がそろっておられる。至急出発するように伝えろ」と矢のような催促。芳郎は板挟みになって困り果てた。

「リットン卿、お願いします。これ以上日本との関係を悪化させないでください」

「そうか。君の頼みならしかたない。太田君の顔に免じて、そろそろテニスを引上げるか」

「ありがとうございます。車の準備はすでに出来ています。お急ぎください」

「ウム、分かった。太田君だから言うけど、報告書は必ずしも日本側を利するとは限らないから、そのつもりでな」

また、ある時はプライベートな要望にも対応することになった。元気なリットン卿でも、気候風土の違う土地で、どこに行くにも護衛の車に前後左右を囲まれての外出では、やり切れない。そこで太田にお忍びのショッピングのお伴を命じた。ところがその買い物が英国製の体温計と白い口紅。旅先でも特に「英国製」を限定されたが、この英国製の品はなかなか見つからない。体温計は万国医師法により国により摂氏か華氏に定められているが、英国製の華氏体温計は大連のどの店にもない。家に帰ってこの話をすると妻の文子が「ロンドンから持ち帰ったのが一本ある」と、子供のオモチャを入れてある箪笥の引き出しから出してくれた。翌日、卿に差し上げると大変悦ばれた。この度の調査も華氏（英国目線）で計らず摂氏（日本目線）で計ってもらいたいものだと太田は思う。もう一品の「白い口紅」だが、卿の言われる「ホワイト、リップ、スティック」では何のことか判らない。何度も問い合わせてやっと判った。口紅は紅いものと思いこんでいた太田の不覚。英国に比べて大連は乾いた空気のため、唇が乾いて荒れたのが原因だった。

１９３２年六月、大連での現地調査を終えた一行は北京に引き揚げ、報告書を纏《まと》めた。その結論として十月、最終報告書を国際連盟に提出した。それは、満州における日本の権益は認めたものの、事変は日本の侵略行為であり、満州国は独立国家として認めることはできないと認定するものであった。

１９３３年二月、国際連盟総会がリットン調査団の報告を受け開催、日本に対する撤兵勧告案が四十二対一で可決された。日本代表松岡洋右は席を蹴って退場し、三月国際連盟脱退を通告した。こうして、満州国建国は国際社会で認められず、日本は国際的な孤立の道を選ぶこととなった。翌１９３４年三月一日、満州帝国成立（初代皇帝溥儀）、１９３７年七月七日、盧溝橋事件により日中戦争勃発、そして、１９４１年十二月八日、日本はアメリカ・イギリスに対し宣戦を布告し、太平洋戦争に突入した。

三、満州の冬

　満州の冬は特別寒い。

「えらい風になってきたなあ。今夜は下がるよ」凄まじい電線のうなり声に耳を傾けた。「多々的下雪（タタ　シャシェ）。ペーチカたきましょうね」中国人ボーイが言う。家中、隙間風の入るところもないように目張りをして、二重の戸をぴったり閉め切った中で、ペーチカはとろとろと心地よい音を立てている。家の中は温帯と寒帯に区別されている。即ち、ペーチカのある居間は温帯で、便所は南極、台所は北極で、どちらも寒帯だ。もし極地に踏み込んだなら、壁も床も真っ白の花、凡そ、水気のあるものは凍らざるものなく、ボーイは大根を鋸で引き、人参は薪割でわる。火箸をつかめば手にぶら下がり、ドアのハンドルを握ればハンドルがつく。だが、ペーチカのありがたさはまた格別。先日もみぞれのような雨が降ったあとで温度が急に下がったため、木という木、枝という枝はすべてこれ水晶と化し、風の動くにつれてチャラチャラ、カラカラと音をたて、全くお伽噺の王国に遊ぶの感があったが、こんな夜にとろとろと燃え盛るペーチカの回りに椅子を引いて、好きな友とウォッカのグラスでもあげたら、その気分はとても東京の郊外なんかで味わえるものじゃない。その夜、太田一家は戸締りも厳重に温帯で眠った。

夜を越した風は更に猛烈を加え、窓を打つ吹雪は悪魔の襲来かと思われる。細目に明けた戸口から外を見れば、粉雪が舞い、電車、自動車はおろか人の子一人の影もない。

「今日はとても行けませんね。ひどい荒れですもの」妻文子が心配そうに言う。

「大丈夫だよ。まあ飯でも食って待つさ」

だが時計の針のまわるにつれて、外の狂乱は増していった。

「行けませんよ。お休みなさい」

「馬鹿言っている。こういう日こそ行かねばならんさ」

「だって、学校はきっとお休みですよ。それに土曜日でしょう?」

「こんな日に行くのは、行くという事それ自身が数時間の課業よりも修養になるんだ。毛皮だ。毛皮だ。靴をあっためろ」

支度怠りなく、何糞ッととび出しては見たものの大変な天気だ。室内はペーチカのため二十五度に上っているが、戸外は氷点下実に二十数度、急に四十五度も差のある冷気の中に飛び出したのだから、息が詰まってどうしても呼吸ができない。だが、芳郎は生まれつきの冒険心と好奇心も手伝って、前人未到の処女雪の中をまっしぐらにかけ出した。どれくらい歩いたか分からぬが、防寒の眼鏡から鼻のところにツララが下がり、上まつ毛と下まつ毛がうっかりすると氷ついて、眼が開かなくなる。吐き出す息が全部襟巻に氷りついて、今は首も回せぬ大首輪となってしまった。学校に着いたときには十一時に近かった。朝から大吹雪の曠野をさまよったがために顔は紫色に腫れあがり、手指は感覚がない。棒のような防寒具を漸く取りはずして、顔や手を雪でマッサージし、人心地ついたのは更にしばらくの後だった。市内外の学校は勿論、一般の商店まですべて臨時休業であった。近くから登校した生徒でも半死半生になって、病室の厄介になった者がかなりあった。学校の近所の生徒宅で暖かい昼食をいただいて、帰ろうとしたが、午後二時頃、窓外の吹雪が変な色になった。「蒙古風だ!」と誰かが叫んだ。

太田が大連中学の英語教師をしていた昭和十年頃のこと、授業中にイングランドの西端、ランズ・エンド岬(Land's End)を一人で訪れた時のことを話した。この岬はロンドンから西に四百km以上あり、細長いコーンワル半島が大西洋に突き出している地の端。芳郎は1927年、この岬に立って、滔々《とうとう》と押し寄せる波を眺め、大連に残した家族を思い感無量だった。この逸話を聞いた学生がいたく感銘を受け、「自分もいつの日か、先生の立った場所に必ず行く」と誓ったという。戦争に行っても、それを生き甲斐に生き抜き、戦後の厳しい時代も船舶会社に就職し、海外勤務をして、とうとう芳郎が訪れた時から五十年目に、その誓いを実行した。長女の瑞枝はその人からの手紙を受け取り、年老いた芳郎に読んで聞かせた。手紙には、近況と共に『先生！　お約束通りランズ・エンド岬に行きました！』と書かれていた。芳郎は感激し、「五十年前の自分の教えは間違いではなかったのだ」と、涙を流し喜んだ。

太田が満州に帰国して十年が過ぎた頃、フィリピンの選手団が大連に遠征してきた。すでにテニス界から身を引き、練習も全く行っていないのに、試合出場の依頼が舞い込んだ。初め断ったが、既に一行は出発したと聞き、やむなく現役選手との試合に応じることとなった。その時の模様を次の記事が詳しく伝えている。

『関東州対比島戦観戦記』（小脇博道、『テニスファン』１９４０年7月号）

東亜大会に、日本を総なめにして、はるばる大連に遠征してきたフィリピン選手を迎えて、太田選手の大奮闘は、実に溜飲の下がる思いがした。ダブルスではアンポン・カルモナ組に対し、昔と変らぬものすごいフォアハンドをもってドンドン敵の足もとに打ち込み、フィリピン軍の立ち上がらない中に第一セットを6―3でとった。

大連のテニスファンは「日本チームには勝っても吾等の太田には」というので、時間の前から三千人を収容の大スタンドもほとんど観衆で埋まってしまった。ダブルスの第二セットも一進一退、カルモナは鉢巻きを締めて頑張り、アンポンも懸命に走り回ったため、4—6で1セットオールとなった。

いよいよ呼び物の太田、アンボンの一騎打ち。太田の剛球を、アンポン軽く打ち返して、乱打の時から拍手が起こる。

第一セット。アンポンは初めから慎重にチョップで粘りだした。それを太田はフォアに回して、左と右に痛快に強襲する。アンポンは倒れそうになってはそれ打ち返す。一進一退で、互いにサービスを落としあい、5—4で太田リードしたがたちまち5—5となり、太田再びフォーティ・ラブで6—5にするチャンスを逃して、ついにアンポン5—7でセットをとる。練習不足とはいえ、長い早いドライブは、何度かアンボンの俊足をコートの隅に釘づけにして観衆は熱狂した。第二セットも一進一退全く白熱的な接戦となり各ゲームともジュースアゲインを繰り返し、太田は汗にまみれて掛け声をかけてフォアを打ち込めば、スタンドからも「頑張れ」「やっつけろ」等と思わぬ叫びがあがる。太田はドロップショットには全くトライしなかったので、大きなハンディキャップであったが、第二セット。アンポンほとんど手が出ず打ちまくられて懸命に走り回ったが、太田決死の形相で打ち込んだボールよく決まって、ついに6—4で太田の勝ち。三千人に近い観衆は、大満足の歓声をあげた。アンポンは十九歳、太田は四十一歳、彼の学生時代に少しも衰えぬ元気な打球と、あの負けぬ気の面魂は、見ていても痛快であった。太田選手は「練習してないのでうまくやれない。うまくやれないのにやるのは、僕の半生を打ち込んだ事業たるテニスに対する冒とくだと思って、始め断ったのですが、その時はもう一行は船に乗り込んでいたので、致し方なくやった」とあるのを読んで、太田氏のテニスに対する敬虔な態度に心を打たれた。今の選手たちももっと真剣な、信念のある試合を見てみたい。この意味で今度の太田対アンポンの試合は、十四、五年前に（太田の試合を）見たときと同じような血をわかして観戦ができた。

太田〈5—7　6—4〉アンポン、太田・国松〈6—3　4—6〉アンポン・カルモナ

四、戦後の大連

戦時中は英語教師の太田芳郎にとって苦難の時代であった。軍国主義のもと、「敵性語」である英語は授業が縮小され、軍に睨まれて辛い思いをした。終戦後、今度はソ連、中国に睨まれ、二重スパイが付いていたとの話が出るほど大変な状況だった。

１９４５年八月十五日正午、大連でも玉音放送が流され終戦を迎えた。しかし、大連や満州では、そこからが敗戦国の悲惨な混乱の始まりであった。

終戦から大連引揚げまでの経緯は、『大連・空白の六百日』（富永孝子著、新評論）に詳しく書かれている。以下、この書から概要を列記する。

１９４５年

八月十五日、学校では校庭に職員、生徒が整列し、詔勅を聞いた。校長は壇上で「祖国日本がこのような結果となり…」と涙した。夕刻、教頭、学生課長、教務課長とともに、校庭の一部で御真影と（教育）勅語を焼却。関東州庁には日本政府はもとより、関東局からの連絡が一切途絶え、以後昭和二十三年三月、日本人引揚げが完了するまで、大連の日本人は祖国から完全に「棄民」された生活に入った。当時大連は日本人二十万二千人、中国人五十八万五千人、朝鮮人六千七百人、その他千二百人。人口は約八十万人。

八月二十七日市民各家庭に赤旗が翻った。車が右側通行に変更。九月二十三日関東州庁崩壊。十月五日警察官一斉逮捕、シベリアへ。十月二十七日文部省検定歴史教科書の供出、ロシア語必須、女学校再開。

１９４６年

四月三十日、各学校の校長制度廃止、協議制へ。学校の合併、二部制授業。七月二十二日、校舎を保安隊が接収、大連は混沌とした日々。十月二十三日、日本人引揚げの朗報伝えられる。各学校は十二月二十日で閉校決定。十一月十日、引揚施設（一万人収容）の建設と運搬移送。十二月三日、永徳丸、辰春丸にて出港。第一次引揚者六千七十五人。

１９４７年

三月三十日までに合計七十六回、二十万三千七百六十五人が引き揚げた。

太田家の終戦は在留邦人と同様の運命をたどった。大連を含む満州全土では、終戦から二・三カ月の間は全く無秩序のありさまで、日本人の家に暴徒が押しかけてきて目ぼしいものを持っていく、乱暴を働いていくというようなことがたびたびあった。それで日本人は見張りを出していて、そういうような者がやって来そうな様子が見えると、みんな隠れてしまった。太田家にいるのは、芳郎のほかは、母、妻、娘、義妹（弟の妻）と、全員女性ばかりだが、この者たちを屋根裏に隠して、芳郎は一度も逃げも隠れもせず、部屋の真ん中にデンと座って何もしなかった。そうすると彼らも何か気味が悪いように思って、何回も入ったにもかかわらず、物を取らずに出ていったのだ。あの殺されるかもわからぬという時に、逃げないで彼らに対応できたのは、まさにテニスでマッチポイントに見舞われたときと同じ気持ちだった。一種のあきらめというより「覚悟」。「だめならだめ、どうにでもなれ」というようなことだが、これは何も投げやってしまうというわけではなく、そういう心境になって構えるということだ。

大連市内が少し落ち着くと、芳郎は仲間と嶺前外語学院を作り、英語の授業を再開した。最初は嶺前小学校の校舎を借りて、英語、ロシア語と複数の先生がいたが、中国の保安隊が小学校を占拠するようになり、鳴鶴台のキリスト教会に移った。しかし、先生方は中国、ソ連の圧力を恐れ次々と辞めて、芳郎ひとりになってしまったので、自宅で開催することとした。教材づくりと指導の助手に長女の瑞枝と三女の雅美、弟（武）の妻である糸子に手伝ってもらった。瑞枝はロンドン在住以降英語が日本語より上手であり、雅美は絵が上手く、糸子は津田塾大を卒業しヤマトホテルで通訳をしていたので、三人は相当優秀な助手陣であった。なお、糸子は「昔風に美しい人」（瑞枝）との噂高く、子供心にも「あの先生に習ってみたい」という思いを強くした子も多かったようだ。

ある時、進駐ソ連軍警備隊（G・P・U）のイワミハウチ隊長から、英語のレッスンをするように頼まれた。太田芳郎という人物をどういう調査で見つけたのか分からないが、ソ連人と日本人のスパイが、毎日の行動を監視していたことを後で知った。毎週一回隊長室に招かれたが、この建物は爆弾で破壊された三菱商事の建物を修復したものだった。

そのうち、リャザノフ副官とも仲良くなり、世間話や日本武士道等の話をしているうちに、お互いに理解と友情が生まれ、「何か困っていることはないか」と気をつかってくれるようになり、レッスンに行く度にリュックサックいっぱい、食料やコーヒー、砂糖等の貴重品を担いで帰った。終戦直後は大連中の日本人の家は、目ぼしいものをほとんど略奪されガラン堂となっていたのに、芳郎宅はそのままであった。

　ある日、芳郎の留守中に突然、自動小銃を突き付けてソ連兵が侵入してきた。

「※?·$&#%?·?·?·」早口のロシア語でまくしたてるが分からない。

　外人慣れしている妻の文子だが、荒くれのソ連兵は初めてだ。

「コンニチハ、何の用ですの?」と日本語で答えた。

「カネ・カネ、ホウセキ。※?·$&#%?·?·?·」

「ちょっと待ってくださいね、私では言葉が分かりませんから、娘を呼びます。瑞枝や出て来ておくれ」

「エーッ?　お母さま何かあったのですか」

　隠れていた瑞枝が両手を上げて出てきた。

「ソ連兵が何を言っているのか分からないから、お前が話しなさい」

　長女の瑞枝はロシア語を習っていたが、緊張のあまり言葉が出てこない。

「お母さま、何を話せばいいの。怖いです」

「ロシア語で何か話しなさい。何でもいいから覚えている言葉を話しなさい」

「プリヴェト！　スパシーバ　シトー　プリシュリ！　ハラシャーヤ　パゴーダ　セボーニャ！（こんにちは！　よくいらっしゃいました！　今日はいい天気ですね！）」

これにはソ連兵も驚いた。

「ハラショー‼　ロシア語が分かるのですか。私たちは実はウクライナから来ました。遠くまで来てしまったので、暖かい家庭の雰囲気に飢えていたところです」

「それは大変ですね、任務とはいえご苦労さまです。では、この家を自分の家庭だと思って、時々遊びに来ていいですよ。ただ、自動小銃は向けないでね」

「ありがとう。ミズエ、ママ。困ったことがあったら言ってください」

ソ連兵は物盗りも忘れ、大喜びして帰っていった。それからは毎日のように遊びに来て、「パパ、ママ、ミズエ」と一家になつき、文子が外出するときは護衛をつとめた。G・P・U隊長の影の目もあったのか知れないが、芳郎の歓心を買うため酒等を持ってきたのには閉口した。瑞枝は白寿になっても、その時の状況をよく覚えている。

五、少年少女の思い出

租借地の大連では、戦時中は日本国内の人々が味わった空襲や食糧難にくらべれば、比較的穏やかであったという。しかし、終戦後は世の中が一変してしまった。

㈠少年と太田先生の思い出（Tさん）

まだ十歳の少年だったTさんは、当時のことを詳細な記録として残している。以下はその当時実際に起こっていた状況である。

特に苦しい体験は、終戦直後から内地への引き上げの間に味わった。ソ連軍の駐留や中国人への住宅明け渡しによって、日本人は市街の過半部に住めなくなり、また、満州奥地から内地へ引揚げる途中の人びとの滞在も重なったため、私の家に四家族が同居した。食糧事情も悪化し、中国語でカオリャン、パオミィなどと称する穀類を毎日代用食とした。母らがタンスの中から衣類等を取り出して、中国の人びとに買ってもらうために中心街へ出かけていく、いわゆる立ち売りによる収入を生計のたしにしなければならない日々も続いた。小学校の校舎の半分は中国軍の兵舎となったため、二部制の授業が行われたが、１９４６年の暮近く、その学年の授業は終わったとする仮終業式を行って、あとは閉校になった。

太田先生は戦後まもなく、嶺前小学校生徒の中から希望者を集めて、英語教室を始められた。終戦の時四年生だった私は、引揚げの始まる少し前の五年生の二学期末まで、熱心にその教室に通った。初めは嶺前小学校の教室でレッスンが行われていたが、小学校が中国の保安隊に接収された後、鳴鶴台のキリスト教会で開かれた時期もあり、そのうちに先生のご自宅で習うことになった。ご自宅は臥竜台あたりで、桃源台の私の家から比較的近かった。二人のお嬢さん方〔引用者の注：実は芳郎の義妹糸子と長女瑞枝〕も指導に当っておられたが、私はずっと太田先生のクラスだった。開講当時は学校の教室に一杯だった生徒数も、終り頃には、かなり減っていたようだ。私は午後のある時間になると、近所の友だちと遊んでいる最中でも、それを打ちきって先生のお宅へ出かけて行くのが、残念であると同時に誇らしくもあった。筆入れと教材のガリバン刷りプリントをいれた紙挟みを黒い風呂敷にくるんで通った。

図1

　最後のレッスンの日、先生は「私があげたプリントの内容は、全部皆さんの頭の中に入っているはずだから、引揚げの時にプリントを持って帰る必要はありませんよ」とおっしゃった。私は、先生が配られた挿絵入りのプリント（図1参照）がたいへん

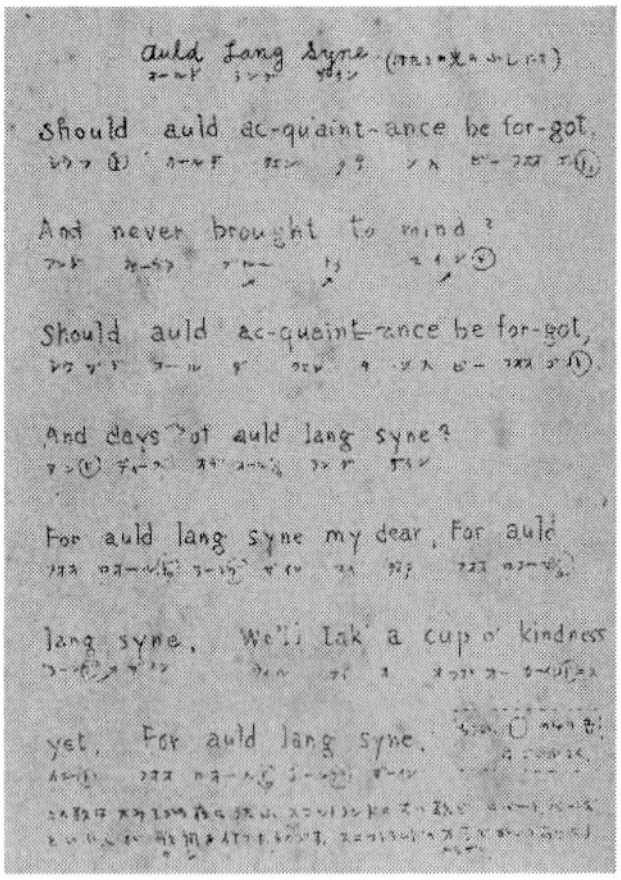
auld lang syne
Should auld ac-quaint-ance be for-got,
And never brought to mind?
Should auld ac-quaint-ance be for-got,
And days of auld lang syne?
For auld lang syne my dear, For auld
lang syne, We'll tak a cup o' kindness
yet, For auld lang syne.

図2

気に入り、英語の学習も大好きになっていた。それで、先生のお言葉に背き、プリントを全部持ち帰り、いまでも大切に保存している。たまたま先生とは引揚げ船が同じだったので、船上でも言葉をかけていただいたが、私は自分で背負う少量の荷物の中に先生のプリントを潜ませて来たことについては、もちろん黙っていた。〔中略〕

プリントの五枚目は「蛍の光」の曲で歌われるスコットランドの古歌「オールド・ラング・ザイン」（図2参照）の歌詞と、「オールド・マザー・グース」の歌詞からなっている。四十二枚目あたりから、「イソップ物語」からの話が多く登場する。「狼と山羊」、「羊飼い少年と狼」等々である。それらの文はいずれも、太田先生が私たちの学習段階に合わせて、やさしく砕いて書き直されたもののようである。最後のプリントは、「オールド・ブラック・ジョー」と「オールド・ホーム・グッドバイ！（さらば古里）」の歌詞である。これを学んで、太田先生の英語教室と大連に別れを告げることになったのである。大方の英語の先生は、「あなたのお名前は？」に相当する英文を「ホワット・イズ・ユア・ネーム？」と発音される。しかし、太田先生は、上記の方式があることに触れながらも、「ウォット・イズ・ヨー・ネーム？」という発音方式を採用しておられた。太田先生のレッスンの終りの方で習った英語は、私たちの時代の教科書でいえば、中学三年の半ばくらいに相当するものだった。それで、私は引揚げ後の中学、高校での英語の勉強は大変楽だった。大学卒業後は理系の研究職・教育職（大学教授）についたが、同僚たちがかなり苦労して取り組んでいる英語論文の執筆も、私にはむしろ楽しみであった。定年退職後も、ホームページを英和両言語で作成して、英語の使用を楽しんでおり、読む本も英文で書かれたものが多い。これらはすべて太田先生に教えを受けたお陰だと思い、感謝の気持を抱き続けている。

（『嶺前』大連嶺前小学校同窓会誌、18号（２００３）及び19号（２００４））

(二)弥生高女女学生の思い出（Ｉさん）

弥生高等女学校（弥生高女）一年の一学期、太田先生に英語を教えて頂きました。１９４０年頃から英語は排斥が進み、太平洋戦争突入により米英が完全な敵国になると「敵性語」とのことで、英語教育は縮小され、必修科目から選択科目に変更され、授業数も大幅に減らされておりました。そのため、太田先生は副校長的な業務も多く行っていたのではないかと思います。生徒達からは「教頭先生」と呼ばれていた記憶もあります。戦争が終った1946年四月、私が入学した頃は、太田先生にとっても久しぶりに思い切り授業ができたのではないでしょうか。先生は身体が大きくがっしりしていて、顔はやや硬い表情ですが、流暢なキングズイングリッシュを話す紳士に見えました。黒板の文字もとても丁寧できちんと書かれ、生徒想いの優しい先生の記憶が残っています。身体が弱かった私は、病気がちで休みが多かったにもかかわらず、良い点をくださったので、特にそんな印象が強いのかもしれません。大連の印象は悪くありません。建物も立派で、街並みもきれい、中国人もロシア人も一般の人々は親切でした。ただ、戦時中は軍事教練があり、日本軍進出の際は各戸二名の軍人宿泊を受け入れるなど、日本軍の命令は絶対でした。中国人やロシア人も日本の軍隊や軍人に対しては、反感を持っている人も多く、抗日運動もありました。私は引揚船には乗らず、父の仕事の関係で大連に残り、大連日僑学校に入りました。その後、中国本土の北京大学などで学び、西安を経て1955年日本に帰国しました。戦後十年目のことです。(談)

終戦直後の苦しい時期、TさんもIさんも太田先生の授業に、喜びや楽しみを見出したようだ。丁寧に作られたプリントには、カタカナで英語の読みがふってあるが、単語末尾の「ド」などは○で囲み、「ちうい（注意）。○の中の音はごく軽く」と書くなどして、正しい発音が覚えられるように気を遣ってある。太田先生は得意のキングズイングリッシュで発声し、生徒全員に揃って復唱させていた。「蛍の光」の元歌「オールド・ラング・ザイン」を教えた時には、まず太田先生が朗々と歌い、その後続いて、教室一杯だった生徒一同がそれに倣《なら》って、何度か繰り返し大きな声で歌った。この時に覚えた、スコットランド語のこの歌を、Tさんは今に至る迄よく覚えており、引き揚げ後の中学校の音楽の授業中、「自分の好きな歌を皆に歌って聞かせなさい」という課題が出た時には、これを得意げに歌いもしたという。嶺前外語学院太田教室では、子供たちの開放感あふれる笑顔が、敗戦の中で唯一の希望の光として輝いていたようである。

六、日本への引揚

太田芳郎は大連で戦中・戦後を迎えた。テニスからはほぼ身を引き、教育者としての人間太田芳郎が随所にみられる。戦争が激しくなり、英語が「敵性語」となって授業が少なくなり、教頭や担任業務に奔走させられた時、子供たちへの寄せ書きに「無理すんなよ」と書いて軍部から睨まれ、暴徒や中国軍、ソ連軍に銃を突きつけられても、少しも動じない。この『胆力』は、祖父や伯父の任侠肌の血を受けついでいると思われるが、日本を代表するテニス選手として、数々の修羅場をくぐり抜けた時に、さらに強化されたものに違いない。また、国際人としても、英国、米国、ヨーロッパ各国の人々をはじめ、戦後は、それまで敵国人だったソ連の軍人兵隊や中国の人々にも受け入れられ、敵味方を超えた人間的な大きさを備えている。芳郎は父母を尊敬し、家族を愛し、先達や先輩を敬う。しかし、自己の信念に忠実であり、間違いには断固反対し、正しいと思ったことは絶対に曲げない。人に優しく自己に厳しい人である。

いよいよ日本への引揚が始まり、嶺前地区は昭和二十二年（１９４７）二月と決定した。果たして、終戦後、日本に帰った太田芳郎一家は、どのように生きるのであろうか。

第七章　教育者の信念

一、引揚船

昭和二十二年二月九日、大連を出発した第二十八次引揚船「信濃丸」は、太田一家を含め総勢三〇四四名を乗せ、対馬海峡を越え舞鶴港へ向かった。ボーッ！　ボーッ！　と低く重々しい鳴笛を残しながら、大連港の桟橋から信濃丸が離れていく。「いよいよ日本に帰れるぞ」誰かが大声で叫んだ。黄海の波高く、寒さが一段と身に染みて厳しい。

「大連に来たのは昭和元年だったから、あれから二十二年か、いろんなことがあったが、過ぎてみれば早いものだ」

芳郎は次第に遠のく大連の街並みを、懐かし気に眺めていた。デッキの手すりにもたれながら、隣にたたずむ妻と老母、三人の娘の家族六人は、安堵のため息をついた。

突然、背後から叫ぶ声がした。

「先生！　太田先生ではありませんか」

振り返ると防寒具に包まれた少年が、笑みを浮かべて駆け寄ってくる。

「Tです。先生、Tです」

芳郎がよく見ると、それは見慣れた顔だ。

「先生が戦後まもなく始められた英語教室に通っていました」

「おおそうだね。熱心に通っていたT君だ。君も一緒に帰れるのだね。内地での行先はどこですか」

「石川県の金沢です。しかし、先生の英語教室が終わったのはとても寂しいです。先生のきれ…」。少年は次の言葉を口の中に飲み込んだ。〈先生の綺麗なお嬢さん方に会えるのも楽しみでした〉と続けたかったのだが、近くに当のお嬢さん方のいる前でいうには、小学五年生にとって恥ずかしい言葉だった。

「最初は嶺前小学校の校舎で開催していたが、鳴鶴台のキリスト教会に移り、最後は臥竜台の自宅で、家族で協力して教室を開いていたのだったね」

「僕は先生に配っていただいた挿絵入りのプリントが気に入り、英語の勉強も大好きになりました」

「そうか、それは嬉しいな。日本は戦争に負けたが、これからは君たち若者が日本の再建を担うことになる。それには英語が絶対必要だからな」

「がんばります。これで、太田先生の英語教室と大連にお別れです。先生もいつまでもお元気で、ありがとうございました」

T少年は深々と頭を下げ、爽やかに走り去っていった。

妻の文子も娘たちも、英語教室が評判よかったことを肌で感じていたが、この少年の言葉を聞いて深い感激を味わっていた。

「悲惨な戦争は終った。嶺前小も弥生高女もなくなった。これから日本に帰ってもどうなるかわからん。戦時中も大変だったが、これからはもっと大変になりそうだ。皆にも苦労をかけるけど、がんばろうな」

肝の据わった芳郎にしては珍しく、心が震えるのを必死にこらえながら、一言一言ことばを紡ぎ出した。

「日本は、東京はすっかり変わってしまったのだろうか。故郷新潟はどうなったか」

大連の街並みは遠く霞み、次第に闇の中に姿を消していった。

十日近くたった二月十五日、「舞鶴に着くぞ！」という喜びにあふれた声を聞いた。いよいよ船が舞鶴に入港しはじめた時、二月の寒さも忘れ、オーバーも着ないで甲板に立ち、同乗の人たちと一緒に、「万歳！　万歳！」と絶叫した。

二、本土復帰と教職

太田芳郎一家六名は、一年半の抑留生活を経て１９４７年二月十五日、京都府北部の舞鶴へ無事上陸した。１９２６年から足掛け二十二年の海外生活から、家財道具一切を置いたまま、リュック一つを背負っただけで日本に引揚げてきた。

舞鶴港の岸壁に着くと、そこには白衣を着て噴霧器を持った人が待ち構えていて、突然真っ白い粉を頭からかけられた。それは、ＤＤＴによる家畜なみ扱いの消毒だった。引揚者全員が上陸と同時に味わった、忘れがたい屈辱である。十九日舞鶴を出発、敦賀を経由して北陸本線を北上し、芳郎の弟がいる新潟を目ざして満員の汽車に乗り込んだ。その年は大雪で途中の金沢で八時間も汽車が止まり、空腹に加え身動きも出来ず大変な思いをした。二十日夜九時、やっと柏崎市に着くと、ここも大雪で、橇《そり》に乗って弟の家に向う。しかし、芳郎一家が長く借りられる部屋がなく、閉鎖になっていた「佐渡五旅館」の一隅を借りて住むことになった。日本の旅館を知らない大連育ちの子供たちは、襖には有名な絵描きの絵があり、廊下は欅の鶯張りで音が鳴るなどびっくり仰天した。

芳郎はテニスを始める人のための本「テニス読本」（玄理社）を書き、その印税でどこか安い土地でみんなが一緒に暮らせるところはないかと探していた。そんな時、東京の東村山町（現・東村山市）で、安い土地を売り出しているという広告を見て見学に行った。高田馬場から電車で一時間程、雑木林が続く中で、家は一軒もないけれど四百坪の広さがあり、駅からも近く新緑が美しかったのでここに決めた。「戦争に負けたけれど、美しい大地がある」。雑木を伐り、六畳と四畳半の二間の假屋を建て、戦後の再スタートを切った。

また、「太田芳郎帰国」の舞鶴上陸のラジオを聞き、すぐに「本校教授に迎えたし」との電報が大谷武一からあった。大谷は東京高師の大先輩であり、芳郎の高師時代の恩師である。また、日本にソフトボールやハンドボールを紹介するとともに、ラジオ体操考案や日本体操連盟設立者の一人として、日本の体育教育の第一人者であった。当時、大谷は東京体育専門学校の校長をしており、後の東京教育大学体育学部初代学部長となっている。芳郎は大谷校長に英語科主任教授として招かれた。全てを失った芳郎にとって、教授への招聘は大きな支えとなり、スポーツ人が強く持つ「絆」に心が打たれた。

昭和二十二年（1947）九月、京王線幡ヶ谷駅に近い東京体専に勤務を始めた。1949年五月、教育改革が行われ新制「東京教育大学（五学部）」が発足し、東京体専は体育学部となった。当時は戦後の混乱の真っただ中で、進駐軍の占領下にあり、民主化運動が盛り上がっていた。教授も学生もアルバイトは公認で、その便宜を図るため、週に一日休講日を作り、日曜出講という変則的授業態勢であった。芳郎は日本輸出紙業（渋沢財閥次男渋沢信雄社長）と中外商工会社に頼まれ、米軍司令部に出入りするうち、貿易担当のマーカット少将やその直属のバウレー、クランシー等の信頼を受け、億単位の注文を受けたので、会社は驚いて取締役貿易部長の要職に据えた。これは、元デ杯選手で米国や欧州で活躍したことが信頼された為であった。しかし、国立大の教授が、アルバイトとはいえあまりにも要職に就いたため、大学内で妬む者がいて、文部省大学局に密告し問題となった。芳郎は事が大きくなって、恩師大谷学部長に迷惑がかかることを恐れ、１９５０年七月三十一日、四年間勤務した大学に辞表を提出した。

その後の教育者としての活動は、幾多の招聘がある中、左記の大学に奉職した。

- 日本女子体育大学　教授　1965.4.1 〜 1977.3.31（定年後、二年間講師）
- 芝浦工業大学　教授　1960.3.1 〜 1968.3.31
- 東京女子大学　講師　1951.4.1 〜 1961.3.31
- 東京大学　講師　1952.7.1 〜 1957.3.31
- 東京都立大学　講師　1956.5.7 〜 1961.3.31

三、国際人と恩返し

太田芳郎は港区南麻布にある日本最古の名門テニスクラブ「東京ローンテニスクラブ」の支配人を、昭和二十七年（１９５２）六月一日就任以来、二十五年に亘って務めた。一般財団法人東京ローンテニスクラブ（Tokyo Lawn Tennis Club）は、１９００年に現在の国会議事堂の敷地に創設され、１９４０年に現在の南麻布に移転し財団法人化した。名誉会員には天皇、皇后などの皇族が名を連ね、一般会員には各国大使、旧華族、有名企業のトップなどが所属している。同クラブは約半数が在日外国人に限定されるという国際的テニスクラブで、語学が優秀な人物でないと支配人にふさわしくない。語学堪能、人格者でしかも国際的テニス選手である太田は、支配人としてうってつけの人物であった。加えて、太田芳郎一家と皇室とは、テニスを通して不思議な縁がある。

大正十二年（1923）、東京高師本科二年在学中のこと、デ杯で活躍した清水・熊谷両選手が相次いで帰朝した折、摂政の宮（後の昭和天皇）のご希望で御前試合が行われた。太田は二回とも両氏の相伴としてエキシビションマッチ参加の光栄に浴した。平成天皇がまだ独身で皇太子の頃から、小泉信三先生の委嘱もあり、ご結婚後は美智子妃殿下ともども、東京ローンテニスクラブでお相手やお世話をした。

なお、美智子妃殿下が正田美智子さんとして聖心女子大学テニス部キャプテン時代、芳郎の長女瑞枝の夫、太田寿美（太田家へ入籍）が、同大学勤務中でテニス部長だった縁もあり、結婚後にティーパーティーにお招きを受けたりした。更に縁は続き、孫（和彦）も月に何回か宮中に招かれ、両陛下、浩宮殿下（現・天皇陛下）、秋篠宮殿下、同紀子妃殿下と坂下門内のコートでお相手をしている。太田家三代皇室御三世に対してのテニス奉仕の光栄も、芳郎にとっては長生きの余徳のようで嬉しかった。

東京高師と東京高商は、明治三十一年（1898）より、日本における最初の対校試合として定期対校戦を行っている。当初は軟式テニスであったが、硬式移行後の大正十年からは硬式テニスに変更した。

第一回（明治三十一年）東京高師の勝利、第二回（明治三十二年）東京高商勝利、以降、会場は年毎に大学コートを交互に替え、中断もあるものの連綿と続いている。ちなみに、デビス・カップ戦開始は１９００年。早慶対校戦開始は１９０４年で、いずれも高師・高商戦より遅い。昭和三十三年（１９５８）清水善造、太田芳郎両氏により、清水・太田杯の大カップが寄贈され、併せて次のコメント（一部抜粋）が寄せられた。

清水善造（東京高商）

大塚が生んだデ杯選手太田君と私とが協同して、今日ここに清水・太田杯を、二人の母校の思い出深い対校試合に贈ることが出来ましたことは、私の心からの感激であります。将来、この両校の定期戦チームの中から、私共の後を継いでデ杯選手が生まれ、いつの日かデ杯を日本へ持ってくるという楽しい夢を描いております。古い言葉にも「歴史は繰り返す」“History repeats itself.”とありますが、両校のテニス関係者一同が、この光輝ある歴史を繰り返して斯界のために最善の努力を傾倒されんことを熱望いたします。両校は“Friendly Rival”永遠に好敵手です。親善を重ね研鑽修養を怠らず、立派なテニスマンシップを体得し、国家有用の人材たることを切望します。

太田芳郎（東京高師）

日本のテニスの歴史は両校のテニスの歴史であり、日本のテニスは両校のテニス愛好者によって育てられ成長しました。ここに、斯界の大先達清水さんと名を連ねてカップを寄贈させていただく等、全く夢のようです。その昔両校は、全校の応援団に囲まれネットを挟んで対峙し、一球一打毎に悲喜を共にしたものです。齢《よわい》七十歳を越された大先輩の方々でも、当時の有様を語られる時は、あたかも昨日の出来事のように目を輝かせ、腕を振って昔を懐かしみます。ライバル校の選手の名前を口にするのであります。諸君、一方が勝てば一方が負けるのが試合です。この試合を勝たんがために、諸君の先輩の奮闘の汗と感激の涙はこのカップで計っても幾杯でしょうか。そしてそれらの先輩は、その若き日に流した涙に対して限りない愛着と惜しみとを持ち続け、諸君と諸君の後輩を見守っているのです。

太田芳郎は若い頃より国内外の一流に接し、自己鍛錬を怠らず、信念をもって、教育界にもテニス界にも確固たる地歩を築いてきた。その結果、現役を退き古稀を超えてもなおデ杯監督やレフリーの依頼が相次いだ。

・デ杯レフリー　九回

・デ杯監督　昭和四十二年（1967）、昭和四十三年（1968）
・ユニバーシアード監督　昭和三十八年ブラジル大会、昭和四十年ブダペスト大会
・アジア大会監督　　　　昭和四十一年バンコク大会
・ユニバーシアードレフリー　　昭和四十二年東京大会

四、太田芳郎語録及び名言集

戦後、日本国内（内地）の教育界・テニス界に復帰した太田芳郎は、指導者・教育者として要職を歴任した。この期間に数多くの名言を残している。

㈠日本テニスの行く道

西欧人がパワーとタクテクスのテニスで来るならば、我々はブレーンとタクテクスで対抗すべきではないか。頭を使うテニス、ブレーンテニスがパワーテニスを破ることもできることを言いたい。

㈡アマ・プロ問題について

アマとプロの問題は、テニス界ではオープン化の形をとり、表面的には一応納まっているが、（1983年当時）燎原の火はアマチュアの本山オリンピックに移り、どこ迄燃え広がってゆくか分からない現状である。昔はアマとプロの対立は無かった。アマチュア規

デ杯韓国戦に向かう、左から宮城、太田、石黒、藤井、森（写真：『世界テニス行脚ロマンの旅』より）

定が最初に作られたのは、今日でも伝統を誇るHenley on Thames, Royal Regatta（ボートレース）が1839年に始められた時で、プロに対するものではなく、一般大衆、労働者階級の参加を締め出し、上流有産階級の特権的レクリエーションとするエリート意識から生まれたものであった。私共の時代には、プロは一階級下の存在と見做されていた。私共日本デ杯チームがヨーロッパゾーンに初参加し、準決勝でチェコを破った時、チェコのチームは有名なメンツェルとコルゼーであったが、コルゼーの兄はチルデンにも匹敵すると言われた世界一のプロコーチであった。私共は、デ杯がすんでから彼のアドバイスを聞きたいとホテルの食堂に招いたところ、「プロは食堂で食事できない。下のグリルなら良い」とのことに驚いた。このようなエリート感覚からアマチュアスポーツの選手は、試合中のマナー・エチケットは言うに及ばず、服装から立ち居振る舞いに至る迄、上流社会のプライドを持ったジェントルマンライクを求められ、この思想は英国古来のナイトフッド（騎士道＝日本の武士道）の精神と合流して、強きをくじき、弱きを助け、正義を重んじ「スポーツマンスピリッツ」を確立した。少数有閑階級が、一般庶民閉め出しの為に作られたアマチュア規定は、「民衆のためのスポーツ」を志す現在のスポーツ観とは、全く違った性格のものであるが、反面、スポーツの倫理規定の根元となるフェア（公正）なスポーツマンスピリッツを育てた功績も見逃してはならない。

㈢監督や指導コーチの考え方について

苦しんで鍛えることではなく、楽しんで練磨する主義である。「しごく」とか「焼きを入れる」というような表現は大嫌いである。これとは反対に、①選手が意欲的に練習をしたくなるような環境・雰囲気づくり。②技術的なことはヒントを与えるくらいで、各人が自分で工夫し、自分の個性的テニスを伸ばすように仕向ける。③日常の生活態度や言行については、指導者自ら率先垂範し、一番やかましく指導する。

㈣強化練習・合宿練習について

日本代表や大学生の強化練習・合宿にたびたび足を運び、丁寧に分かり易く話した。

筑波大学後輩の北軽井沢夏合宿を毎年楽しみに
（写真：『世界テニス行脚ロマンの旅』より）

【余裕】 あれもこれもと盛り沢山にせず、昼食後はゆっくり時間をとり、夕方は暗くなる前に打上げ、風呂や夕食に十分の時間を残し、いつでもやる気一杯でコートに出る雰囲気の中に置く。

【工夫】 練習には体系的に統合された全体訓練と、各自の自主的訓練の二つがある。前者はチーム全体としての協力、激励のため大切である。ただし、軍隊式に誰もかれも一様なやり方では、各個人の向上には無駄が多い。自分自身に必要な鍛錬を工夫し、自主的に鍛える心がけが大切である。

【練習】 サービス、ネットダッシュ、ボレー等組み合わせて行う一連の打球練習の中で、送球された球の難易にもよるが、

「ネットの中間以下に引っ掛ける」、「バックネットに当たるような返球」をするのは、How to win ではなく、How to lose の練習である。どんな難球でも、相手のコートに入れる心がけが大切である。特に、ファーストサーブは6割以上の確率がなければならないのに、半分以下が多い。

【鍛錬】鍛錬は日常生活の中から始まる。几帳面な文字・文章、コートや宿舎での礼儀正しさ。日常生活の中の心がけが好成績を支える柱である。

㈤教育と人生哲学について

◇自主性を持つ

・アドバイスは与えても強制しない。選手は自主的に生活に責任を持つように導く。

・他人まかせで動くのではない。自分で考え、自分で工夫し、自主的に実行する。

◇日常生活が重要

・He plays as he lives.「その人のテニスは、その人の日常生活が反映される」

・日常生活の中で鍛える。普段の生活の中の遊び、家事の手伝い、通学等を通して、自然に身につける鍛錬をする。

◇個性を伸ばす

・個性を伸ばす指導が大切だ。今は、一般のレベルは高く広いが、個性的な特徴をもった選手が少ない。標本のような打球をし、モデルのように見たところ立派だが、個性をもち、特色があり野性味のある選手がでない。ひと頃は、そういう選手を軽蔑する傾向さえあった。

・人真似好きな日本人ではあるが、角力《すもう》でも野球でも、絵や音楽、書道、生け華等の世界でも、人真似ばかりではだめだ。もっとジャジャ馬テニスが続出して、テニス界を引っ掻き回さなければ、十把一からげに縛って、先の方と元の方の出たところをチョンと切りすて、百円均一で店に並べたようなものばかりで、見たところは格好いいが、アッサリし過ぎて「コク」がない。テニス理論は文法のようなもので、文法にはずれたテニスはダメだが、いくら文法に精通していても、名文は生まれないのと同じである。

◇テニスは人生修養の手段

・テニスに精進することは、それ自身が最終目的ではなく、人間修業の手段である。どんなに努めても、或る年齢になればテニスは下り坂になる。学生の本分を忘れず、学業につとめ給え。試合で一番大切なことは、アンパイアの判定には絶対服従することだ。

・4S「Speed スピード、Spin スピン、Space スペース、Spirits スピリッツ」を重視。

・逃げないで開き直る。マッチポイントを取られた時の心得。「本日利あらず大敗す」、敢然として捨身の攻撃に移る。無欲括淡の境地で戦うと、逆転して窮地を逃れたことあり。

・「強い」と「巧い」とは意味の内容が違う。強いというのは相対的な比較で、巧いというのは絶対的な評価と解される。昔と今のテニスを比べれば、今の方が技術的には進んでいる。これは、生活環境、ボール、ラケット、服装等の進歩改善、旅行の軽便さ等の物理的要因で当然のこと。然し、強いか弱いかという点になると、これは、昔の方が各段に強かった。

◇教育者とは

教育者として教育の場に専念したが、現在「教育」というものが、教え子の人生にどれだけの役割を演じ得るものか、甚だ疑問に思う。明治の教育者として終始した父の言行と、教育とは何の関係もない（父とは全く反対の生活をした）祖父や伯父の、自らは意図もしなかった日常の言動が、同じように人生行路の指針となって今日に及んでいることを考えると、現代の教育者の多くは、教育者ではなく学習指導者で、「教育」というものの本質が失われているように思われる。

終章

♪高く低く右に左　空に声あり球の唸り♪
ゆっくりと重い歌声が響く、茗渓テニスクラブの伝統を受けつぐ庭球部歌が流れるなか、筑波大学テニス部員八名が棺をかつぎ斎場から出棺する。四番の♪斯界の星と我人が♪が歌われた時、一瞬棺が止まったかのようであった。最後の、♪桂翳さん弥高く、かつらかざさんいやたかく♪と全員が歌い上げると、棺は静かに霊柩車におさめられた。

太田芳郎の葬儀は平成六年（1994）三月三十一日、厳かに執り行われた。弔辞を読んだ後輩の馬渕和夫（茗渓テニスクラブ副会長、筑波大学名誉教授）は、最後を次のように結んだ。

「…筑波大学庭球部も、御指導いただいた精神を帯して、先生の御偉業の後を継がんものと精神精励いたしております。なにとぞ今後も、これら後輩の努力の跡を見守ってやっていただきたいとお願い申し上げます。先生の輝かしいテニス歴を追慕し、先生と共に歌った庭球部歌を御霊前に歌わせてください。また、後輩学生達に先生との強固な結び付きを体を通して忘れないために御ひつぎをかつがせてやってください。蕪辞をつらねました。どうか安らかにお眠り下さい」

弔問者は優に五百人を超え、弔辞は日本テニス協会会長はじめ七本が捧げられた。葬儀後、斎場の責任者から「こんなに感銘深いご葬儀は、当方ではいまだかつて一度もございませんでした」というコメントがあった。

太田芳郎はテニスの名選手であり、偉大な教育者であり、国際人であり、かつ文筆家でもある。その足跡を追うと、太田芳郎は二人いるのではないかと錯覚する。

一人はテニス選手としての日本を代表するプレーヤー太田選手である。しかし選手として活躍する期間は短い。東京高師入学から硬式テニスを始め、昭和五年（1930）留学から大連に帰国し第一線を退くまで、わずか十年の間しか活躍していない。だが、テニス選手時代の財産は、戦後、デビス・カップ監督や日本庭球協会常務理事、東京ローンテニスクラブ支配人として喜寿を超えるころまで続く。

もう一人は教育者としての太田先生である。戦前の小学校、中学校、女学校、商業高校などに勤務し、戦後は幾多の大学で教授や講師を歴任した。その期間は長く、延べ六十年間に及んでいる。いずれも常人の一生分をはるかに超える濃密な人生を過ごしている。今風に言えば、『二刀流の人生』を歩んだことになる。

テニス選手としての時代は、もちろんアマチュア選手である。日本代表選手として派遣費用はテニス協会が負担しているが、関東州や大連からの留学支援があってこそテニス活動が続けられた。優勝しても賞金や賞品もなく、カップだけが増えていく状況に妻の文子は、「優勝してもいいが、カップを持ち帰らないように」懇願している。しかし、英国騎士道を基盤とした正義を重んじるフェア（公正）なスポーツマンスピリッツにより、太田自身がスポーツマン・テニスプレーヤーとしての高貴な精神を確立できた功績を見逃すことはできない。

教育者としては、何と言っても厳格な明治の教育者の父（実）と、優しく穏やかだが芯の強い母（シズ）の影響が強いと思われる。几帳面で日常生活を大切にする生徒想いの優しさと、自主性を重んじ個性を伸ばす教育方針には、実務経験豊富な教育のプロとして強い責任感と自らを律する自覚を感じる。さらに、国際人として世界各国のトップクラスの人物と対等に渡り合い、戦中戦後における危機的状況においても一歩も引かず、相手にマッチポイントを取られても開き直れる強さや人間的な大きさは常人のとても及ばないものである。それは、鉱山採掘師としての祖父と任侠肌を併せ持つ伯父など、太田家の家系そのものから受け継がれたものに違いない。

現代のスポーツ選手は若くして活躍できる分、セカンドキャリアが課題となっている。テニスだけ、スポーツ選手だけのような生き方は、特別な人を除いてできるわけではない。一生を捧げる仕事や生きがいを持つことが出来るかが、人生において大切であり重要である。太田芳郎は「英語とテニス」を掲げ、テニス界と教育界への貢献を、同時に一生かけて貫いてきた。雪深い新潟の田舎で夢見た少年が、世界に羽ばたいて見た景色は、波乱万丈ではあったが、想像以上に素晴らしかったようだ。

（「ローラン・ギャロスの侍」了）

あとがき

太田先輩を思い出すとき、必ず武田智先輩の顔を思い浮かべる。太田、武田両氏は大正十年入学、大正十四年卒業の同期生にしてライバルであり生涯を通しての盟友であった。

武田さんは戦前、京都の教育界に偉大な足跡を残された先生である。私が忘れられないのは、武田さんがかなりご高齢になってからも総会や試合の応援に出席され、小さな体に似合わず甲高い大きな声で発言されるのだった。七十歳くらいの大先輩（私にとって）をつかまえ「お前ら若いもんは…」と説教し、自費出版の漢詩の本を全員に配り、最後に部歌の歌唱指導を滔々《とうとう》と熱演されたことである。事あるごとに「あの頃の太田は…」と発言され、そのバイタリティには太田さんも一目置いておられた。学生時代から七十年以上続いた二人の友情は、孫世代の私が見ていても羨ましいほどであった。武田さんは平成二十年（２００８）７月、百六歳の天寿を全うされている。

太田先輩の文章や日記を読むと、様々な人々とのつながりを非常に大切にしてこられたことがわかる。そして、つながりの尊重は、逆に太田先輩の生徒たちからも彼自身へ向けられることになっているのである。戦後、「大連の英語教室」で学んだTさんは、私とのメールのやり取りが五万字以上に及び、弥生高女の教え子Iさんは度重なるインタビューに喜んで応じていただけた。約八十年経った後までも、このような人間関係を残し続けておられるのは、「テニスが強い選手であった」だけではとても及ばないことである。改めて、太田芳郎という人物の偉大さを認識させられた。

この小説を執筆するにあたって、多くの方にご指導とご協力をいただきました。

長女の太田瑞枝様、孫の太田和彦様
日本テニス協会テニスミュージアム委員会委員長の吉井栄様
大連関係では、大阪府立大名誉教授の多幡達夫様、井上睦夫・照代夫妻様
茗渓関係では、横山幸三様、高橋通泰様、植田実様（日本テニス協会常務理事、茗渓テニスクラブ会長）、三橋大輔様（筑波大学硬式庭球部監督）、後藤光将様
長年の友人である児玉和様
各位に深く感謝申し上げます。ありがとうございました。

令和六年（２０２４）六月三十日　　櫻井康夫

著者　櫻井康夫（さくらいやすお）《略歴》
長野県飯田市出身、兵庫県伊丹市在住、昭和二十三年（１９４８）生
昭和四十二年（１９６７）東京教育大学入学、昭和四十六年卒業
グンゼ株式会社入社、元グンゼスポーツ（株）代表取締役社長
退職後、スポーツジャーナリスト、大阪経済大学客員教授など
茗渓テニスクラブ　理事

【付録一、太田芳郎の名誉職一覧】

・日本庭球協会常務理事（二十年以上）
・日本国際ローンテニスクラブ会長
・英、仏、米国際ローンテニスクラブ名誉会員
・昭和三十一年（１９５６）東村山市教育委員会委員長（十二年間）
・昭和三十九年（１９６４）東村山市体育協会設立に尽力、会長（十年間）
・昭和四十八年（１９７３）勲四等瑞宝賞を賜る。スポーツ振興の功労者として。
・太田の縁で、昭和五十一年（１９７６）に東村山市体育協会と柏崎体育団のスポーツ姉妹提携、東村山市と柏崎市のスポーツ交流。
・東村山市と柏崎市は、太田の死去後の平成八年（１９９５）に姉妹都市提携を結ぶ
・平成三年（１９９０）十一月、東村山市名誉市民第一号の称号を贈られる
・太田杯北軽井沢紅葉トーナメント大会　名誉会長

【付録二、太田芳郎関連年表】

１８７２年　【日本初の師範学校設立、以後高等師範学校、東京高等師範学校に改称】
１８７８年　【テニスが我が国に伝えられる】
１８８６年　【東京高師にローンテニス部誕生】
１８９８年　【高師・高商戦始まる】
１９００年　一月十一日、太田芳郎新潟県刈羽郡に生れる（父・実、母・シズ）
１９０９年　中通尋常小学校四年、この頃初めて軟式テニスの試合に出る
１９１７年　新潟師範学校三年、全国中等学校選手権大会準優勝（軟式）
１９１９年　新潟師範学校卒業、比角高等小学校教員（二年間）
１９２１年　東京高等師範学校英語科入学、硬式テニスを始める
　　　　　　関東学生選手権、複優勝（１９２１）、単優勝（１９２２〜２３）
１９２２年　全日本選手権大会、単準優勝
１９２４年　三月植木文子と結婚、六月父急死、パリ五輪代表騒動（盲腸手術）
１９２５年　東京高等師範学校卒業、東京府立第八中学校（現・小山台高校）赴任
１９２６年　大連市立高等女学校赴任（家族は十月から）
　　　　　　全日本選手権大会、単優勝
１９２７年　関東州庁留学生として英国留学
　　　　　　デ杯選手として活躍、十三週連続優勝（屋外）、七十八連勝記録、等

1930年　全仏対ボロトラ戦、九月大連に帰国、教職に復帰
1932年　リットン調査団通訳
1940年　大連にてフィリピンのアンポンらと試合
1945年　【太平洋戦争終る】
1946年　嶺前外語学院を開き院長となる
1947年　日本に引き揚げ、東京体育専門学校教授等に就任
1948年　東村山市に自宅購入
1949年　【東京教育大学に改称】
1952年　東京ローンテニスクラブ支配人
1958年　清水・太田杯寄贈（高師・高商対校戦）
1963年　ユニバーシアードブラジル大会監督
1965年　ユニバーシアードブダペスト大会監督
1966年　バンコクアジア競技大会監督
1967年　日本デ杯チーム監督、（引き続き68年も）
1973年　【筑波大学に改称】
　　　　勲四等瑞宝章授与される
1978年　日本国際ローンテニスクラブ設立、初代会長
1994年　三月二十九日、永眠（九十四歳）

昭和2年（1927） 7月29日～30日

アメリカゾーン1回戦　　会場＝セントルイス

日本　4　—　1　メキシコ

太田　2—6、1—6、6—4、6—1、6—2　R. G. キンゼイ

太田　6—1、4—6、6—3、6—4　A. ウンダ

昭和2年（1927） 8月18日～20日

アメリカゾーン決勝　　会場＝モントリオール

日本　3　—　2　カナダ

太田　6—2、3—6、10—8、6—3　W. F. クロッカー

太田　3—6、4—6、4—6　**J. A. ライト**

昭和2年（1927） 8月25日～27日

インターゾーン決勝　　会場＝ボストン

日本　0　—　3　**フランス**

太田　0—6、3—6、2—6　**A. コシェ**

＊3日目の2試合は日本チームが棄権

昭和3年（1928） 4月28日～30日

アメリカゾーン1回戦　　会場＝ハバナ

日本　5　—　0　キューバ

太田　6—1、6—1、6—3　R. パリス

太田　6—2、6—1、6—3　モラレス

昭和3年（1928） 5月25日～28日

アメリカゾーン準決勝　　会場＝モントリオール

日本　3　—　1　カナダ

太田　4—6、6—4、1—6、6—4、6—1　J. ライト

太田　0—6、2—6、6—3、11—9、中止　W. クロッカー

昭和3年（1928） 6月1日～3日

アメリカゾーン決勝　　会場＝シカゴ

日本　0　—　5　**アメリカ**

太田　6—8、3—6、3—6　**J. F. ヘネシー**

太田　8—6、3—6、1—6、0—6　**W. T. チルデン**

昭和4年（1929）5月23日～25日
アメリカゾーン2回戦　会場＝ワシントン
日本　1 — 4　**アメリカ**
太田　6—4、6—8、2—6、6—4、7—5　J. バンライン
太田　2—6、2—6、3—6　**J. F. ヘネシー**

昭和5年（1930）5月2日～4日
ヨーロッパゾーン1回戦　会場＝ブダペスト
日本　4 — 0　ハンガリー
太田　6—1、6—4、6—0　I. D. タカッツ
太田　6—4、4—6、5—7、6—6　中止　V. ケーリング

昭和5年（1930）5月15日～17日
ヨーロッパゾーン2回戦　会場＝ロンドン
日本　5 — 0　インド
太田　6—2、7—5、6—4　A. M. モーハン
太田　6—1、6—4、6—0　H. L. ソニ

昭和5年（1930）6月7日～9日
ヨーロッパゾーン3回戦　会場＝バルセロナ
日本　4 — 1　スペイン
太田　6—1、3—6、6—2、6—2　A. ファニコ
太田　6—1、6—1、6—1　E. マイエル

昭和5年（1930）6月14日～17日
ヨーロッパゾーン準決勝　会場＝プラーグ
日本　3 — 2　チェコ
太田　6—4、4—6、6—4、7—5　J. コツェルー
太田　2—6、6—4、3—6、3—6　**R. メンツェル**

昭和5年（1930）7月11日～13日
ヨーロッパゾーン決勝　会場＝ジェノバ
日本　2 — 3　**イタリア**
太田　3—6、4—6、6—4、4—6　**G. ステファニ**
太田　0—6、2—6、1—6　**H. L. モルプルゴ**

資料1．参考文献一覧

全体	太田芳郎	戦前メモ、戦後日記帳
	太田芳郎	父と母の思い出
	太田芳郎	世界テニス行脚　ロマンの旅（石橋良比古編集）
	茗渓テニスクラブ	弥高42号（太田芳郎先生追悼号）
	茗渓テニスクラブ	弥高各号（1、8、10、17、21、22、23、24、25、27、29、30、31、32、33、34、35、37、38、39、40、41、44）
	茗渓テニスクラブ	茗渓テニス135年史
	阿部生雄	近代スポーツマンシップの誕生と成長（筑波大学出版会）
	上前淳一郎	やわらかなボール（文藝春秋）
	深田祐介	さらば麗しきウィンブルドン（文藝春秋）
	小林公子	フォレストヒルズを翔けた男（朝日新聞社）
	山本茂	白球オデッセイ（ベースボールマガジン社）
	福田雅之助	庭球百年（時事通信社）
	福田雅之助	「庭球規」
	日本テニス協会	日本テニス協会公式サイトホームページ https : //www.jta-tennis.or.jp
	日本テニス協会	テニス10年史（1927年度、1928年度、1929年度）
	日本テニス協会	日本庭球協会会報（1930、1931、1932）、全日本学生庭球連盟年鑑（1931、1932、1933）
	ベースボール・マガジン社	激動の昭和スポーツ史⑧［テニス］
	アサヒグラフ	1926年（大正15年）発行、朝日新聞社
	ローンテニス	1925年6月号、1926年4月、5月「太田芳郎君論」、10月、12月号、1927年7月号
	テニスファン	1933年10月（創刊号）、12月号

	月刊テニス	月刊テニス社、1947年4月号（創刊号）
	R. カイヨワ	「遊びと人間」岩波書店　訳：清水幾太郎、霧生和夫
	岸野雄三	「体育の文化史」不昧堂出版
満州編	国会図書館	中等教育諸学校職員録 T15、S5、S6、S12
	国会図書館	大連弥生高女創立75周年記念誌「赤き甍の学舎」
	多幡達夫ブログ	ゆっくり人の時空漫歩
	多幡達夫	大連嶺前小学校同窓会誌「嶺前」18号（2003）、19号（2004）、20号（2005）
	多幡達夫	北陸青年文学者会誌「空白」No.1（1949）
	多幡達夫	日刊放射線（大阪府職員労働組合放射線中央研究所支部発行）No.646（1970年）
	富永孝子	「大連・空白の六百日」（改訂新版）新評論
	20世紀大連会議	「心のふるさと　大連」秦　源治著
	20世紀大連会議	「懐旧大連、永遠に」　写真撮影　青柳　龍平
出版物（単著）	「テニス」	目黒書店〔日本体育業書14〕、1925年
	「新しい庭球術：コーチ・練習・試合」	目黒書店、1931年
	「テニス読本」	玄理社、1948年
	「テニス」	体育の科学社〔体育シリーズ7〕、1953年
	「テニス読本」	創世社、1953年
	「軟式テニスのABC」	良文堂、1955年
	「硬式テニス基礎と実践」	成美堂、1973年

画像提供
・太田家所有（太田和彦氏）
・『世界テニス行脚ロマンの旅』（平成四年、発行者：太田芳郎）
・日本テニス協会　日本IC
・国立国会図書館　デジタルコレクション
・アサヒグラフ（大正15年）
・多幡達夫氏
・井上睦夫・照代夫妻
・櫻井康夫

『ローラン・ギャロスの侍』
―英語とテニスで世界に挑んだ侍　太田芳郎―

2024 年 7 月26日　初版発行

著 者　櫻井　康夫

発 行　株式会社大垣書店
〒603-8148 京都市北区小山西花池町 1-1

印 刷　亜細亜印刷株式会社

　ISBN 9784903954813